NIKOLAUS ORLOP

DEUTSCHLAND EIN RECHTSSTAAT?
STAATLICH TOLERIERTE RECHTSWIDRIGKEITEN IN DER BRD

novum pro

Dieses Buch ist auch als
e-book
erhältlich.

www.novumverlag.com

© 2021 novum Verlag

ISBN 978-3-99107-694-0
Lektorat: Leon Haußmann
Umschlagfoto:
Andrey Burmakin | Dreamstime.com
Umschlaggestaltung, Layout & Satz:
novum Verlag
Innenabbildung:
Scherl/Süddeutsche Zeitung Photo
Autorenfoto: Eleana Hegerich

Gedruckt in der Europäischen Union
auf umweltfreundlichem, chlor- und
säurefrei gebleichtem Papier.

www.novumverlag.com

Bibliografische Information
der Deutschen Nationalbibliothek:

Die Deutsche Nationalbibliothek
verzeichnet diese Publikation in
der Deutschen Nationalbibliografie.
Detaillierte bibliografische Daten
sind im Internet über
http://www.d-nb.de abrufbar.

Vom Rechte, das mit uns geboren ist,
Von dem ist leider nie die Frage.
Goethe: Faust I

Dieses Buch widme ich meinem Sohn Alexander

Inhaltsverzeichnis

Vorwort

Der Titel des Buches „Deutschland ein Rechtsstaat?" Ist das nicht zu provokant oder sogar übertrieben? In der ganzen Welt wird Deutschland von vielen als eine Krone der Rechtsstaatlichkeit bezeichnet. Ist in unserem Land nicht alles gesetzlich derart umfassend geregelt und bestimmt, dass eine solche Frage als realitätsfremd erscheinen muss?

Der Autor ist seit 1969 zugelassener Rechtsanwalt. Zunächst war er als Mitarbeiter in einer Münchner Kanzlei als Strafverteidiger tätig. Später wechselte er in einen großen Münchner Arbeitgeberverband und war hier als Justitiar und späterer Fachanwalt für Arbeitsrecht für sämtliche arbeitsrechtlichen Beratungen und Vertretungen vor den Arbeitsgerichten zuständig. Nachdem er in dieser Zeit auch noch einen Schweizer Konzern beriet, für dessen Niederlassungen in ganz Deutschland hauptsächlich Prozessvertretungen anfielen, hat er in seinen 35 Jahren aktiver Berufstätigkeit so gut wie alle Arbeits- und teilweise auch Landesarbeitsgerichte zunächst in Westdeutschland, nach der Wiedervereinigung in der gesamten Bundesrepublik kennengelernt.

Während die Strafgerichte es für absolut legitim halten, dass sich ein Strafverteidiger mit allen ihm zu Gebote stehenden rechtlichen Mitteln für seinen Mandanten einsetzt, haben die Arbeitsgerichte dafür wenig Verständnis, zumal es ja zum überwiegenden Teil hauptsächlich um die Vertretung von Arbeitgebern geht.

Anlass für das Buch war zum einen die Veröffentlichung einer Reihe von Rechtswidrigkeiten, die immer mehr überhandnehmen. Dabei wird von einer Reihe von Rechtswidrigkeiten gesprochen, die unseren Rechtsstaat allmählich aushöhlen.

Für den Berufsstand der Richter sieht der Verfasser eines Buches mit der gleichen Thematik allerdings keinerlei Probleme. Für die deutschen Richter sei dies ganz allgemein kein Thema, weil sie alle mit der Gerechtigkeit im Reinen seien.

Der Richter in der deutschen Justiz ist als Organ der Rechtspflege völlig unabhängig. Dies ist gesetzlich so festgelegt, wenn es in § 1 des Gerichtsverfassungsgesetzes heißt, die richterliche Gewalt wird durch unabhängige, nur dem Gesetz unterworfene Gerichte ausgeübt. Das ist selbstverständlich ausdrücklich zu begrüßen. Denn der Richter darf an keinerlei Weisungen oder Anordnungen gebunden sein, sondern entscheidet ausschließlich nach seiner Auffassung, ohne von irgendeiner Seite beeinflusst werden zu können. Sei es in Zivilsachen, in Strafprozessen oder in Verwaltungsrechtsstreitigkeiten, wird er den ihm vorgelegten Sachverhalt lediglich nach Gesetz und Recht beurteilen und dann seine Entscheidung treffen müssen. So ist jedenfalls die Idealvorstellung.

Die Wirklichkeit sieht oft leider anders aus. Verfahrensvorschriften werden von den Richtern häufig als hinderliche oder sogar überflüssige Regelungen angesehen. Rechtsvorschriften, die unmittelbar Einfluss auf den zu beurteilenden Sachverhalt haben, werden entweder ignoriert, einfach nicht beachtet oder willkürlich ausgelegt. In Strafprozessen, in denen es auch in Deutschland, wo die Todesstrafe zum Glück abgeschafft ist, häufig um Leben und Tod geht, werden in nachlässiger Weise Ermittlungen durchgeführt, die zu Fehlurteilen führen und den unschuldig Verurteilten seelisch, körperlich und auch finanziell buchstäblich ruinieren. Selbst obere Gerichte bis hin zum Bundesverfassungsgericht treffen Entscheidungen, die der gesetzlichen Regelung oft schlicht widersprechen.

Auch die Politik, die Verwaltung und sogar die Mitglieder des Gesetzgebungsorgans, des Parlaments, handeln häufig rechtswidrig, was die Öffentlichkeit durch Presse, Funk und Fernsehen immer wieder erfahren muss. Besonders nachhaltig erfährt der Einzelne aber häufig die Ungesetzlichkeit mit demjenigen Verfassungsorgan, das, wie bereits angesprochen, völlig unabhängig, durch niemanden beeinflussbar, eigentlich die Gesetzlichkeit schlechthin manifestieren sollte. Die Justiz. Bei kleineren

Ungesetzlichkeiten können diese oft durch ein weiteres Organ der Rechtspflege, den Anwalt, verhindert oder mit legalen Mitteln wieder beseitigt werden. Was ist aber mit denjenigen Gerichtsverfahren, die ohne einen anwaltlichen Beistand durchgeführt werden, weil viele die Kosten scheuen oder leichtsinnigerweise einfach annehmen, sie seien im Recht. Wenn sich in einem solchen Fall eine rechtsunkundige Person nicht mit geeigneten Mitteln gegen Rechtswidrigkeiten wehren kann oder diese vielleicht wegen Unkenntnis gar nicht erkennt, ist sie oft auf Gedeih und Verderb dem urteilenden Gericht ausgesetzt.

In den nachfolgenden Ausführungen werden unterschiedliche Fälle geschildert. Sie sind lediglich als Beispiele gedacht, um aufzuzeigen, dass einiges in unserem Staat nicht mehr stimmt. Dabei vergeht keine Woche, in der solche Rechtswidrigkeiten geschehen, und zwar in allen drei verfassungsrechtlichen Gewalten. Man ist dann häufig machtlos, zumal auch die Gerichte dem einzelnen Bürger nicht beistehen können oder wollen.

Ist es daher nicht legitim, eine so provokante Frage wie im Titel zu stellen, die zunächst als völlig realitätsfremd erscheint? Aber selbst zahlreiche Juristen, Rechtsanwälte, aber auch bundesdeutsche Richter bekennen freimütig, ganz abgesehen von vielen Staatsbürgern, dass in unserem Rechtsstaat einiges nicht mehr stimmt.

Der Titel: **„Deutschland ein Rechtsstaat?"** mit dem Untertitel: „Staatlich tolerierte Rechtswidrigkeiten in der BRD" ist daher provokant und in dieser Form auch beabsichtigt.

Mein Dank gilt zunächst dem Verlag für die vorbildliche drucktechnische Gestaltung des Buches. Mein besonderer Dank gilt Herrn Dr. Gottfried Held, ehemaliger Richter am Oberlandesgericht Nürnberg, für die sorgfältige und kritische Durchsicht des Manuskripts.

Alling im September 2018
Nikolaus Orlop

Einführung

Die Verfassung der Bundesrepublik Deutschland, bei Errichtung der Bundesrepublik Deutschland wegen der Teilung in zwei Staaten vorsorglich als vorübergehendes „Grundgesetz" bezeichnet, geht eindeutig von einem demokratischen Rechtsstaat, d. h. von einem Rechtsstaat sowohl im formellen als auch im materiellen Sinn aus. Dieser Grundsatz könnte selbst im Wege einer Verfassungsänderung nach Art. 79 Abs. 3 des Grundgesetzes (GG) nicht beseitigt werden.

Der wesentliche Grundsatz eines Rechtsstaates ist nach Art. 20 Abs. 2 GG die Gewaltenteilung, wonach die staatliche Gewalt vom Volk gewählt wird, die vollziehende Gewalt durch besondere Organe ausgeübt sowie die Rechtsprechung durch eine unabhängige Justiz durchgeführt wird. Alle drei Gewalten sind an die verfassungsmäßige Ordnung, die vollziehende Gewalt und die Rechtsprechung an Gesetz und Recht gemäß Art. 20 GG gebunden.

Den Grundsatz der Bestimmtheit staatlichen Handelns könnte man bei der rechtsprechenden Gewalt, unserer Justiz, oberflächlich betrachtet, zumindest anzweifeln. Denn ein erstinstanzliches Gericht erlässt häufig eine abschließende und in sich schlüssige Entscheidung, über die sich die siegende Partei freut und die der Unterlegene unter Umständen sogar zunächst akzeptiert. Häufig erlässt aber ein übergeordnetes Gericht ein genau gegenteiliges Urteil. Die Paradoxie kann noch dadurch gesteigert werden, dass bei drei Instanzen, z. B. einer Verfassungsentscheidung, das Urteil der ersten Instanz nun doch die endgültige gerichtliche Auffassung darstellt.

Der Grundsatz der Bestimmtheit einer Entscheidung dürfte damit sicherlich nicht tangiert sein. Es wird lediglich dem Prinzip des umfassenden Rechtsschutzes des Einzelnen Genüge getan. Denn das übergeordnete Gericht überprüft und korrigiert doch eigentlich lediglich die Entscheidung des unteren Gerichts, um den Parteien zu einem gerechten Urteil zu verhelfen. Dies geht in Ordnung und sollte die Rechtsstaatlichkeit der Justiz nicht in Frage stellen.

Dennoch kann es selbstverständlich, selbst bei Verfahren in mehreren Instanzen, durchaus zu Fehlurteilen kommen. Irren ist nun einmal ein menschliches Fehlverhalten und kann daher auch in diesem Fall die Rechtsstaatlichkeit eines Staates nicht als zweifelhaft erscheinen lassen. Die Auffassung über die Rechtsstaatlichkeit muss aber spätestens dann zum Problem werden, wenn sich die Justiz als die dritte beherrschende Gewalt, verkörpert durch die Gerichte und ihre Richter, offensichtlich bewusst nicht mehr an die gesetzlichen Regelungen hält oder halten will. Spätestens dann muss die Frage erlaubt sein, ob die verfassungsrechtlich vorgeschriebene Rechtsstaatlichkeit noch gegeben ist.

Die nachfolgenden Ausführungen zeigen, dass bereits in zivilrechtlichen Auseinandersetzungen Richter häufig einfach nicht gewillt sind, sich an die bestehenden Gesetze bzw. an die in der Rechtsprechung von höheren Gerichten entwickelten Rechtsgrundsätze zu halten. Sie entscheiden letztlich nach ihrer willkürlichen Meinung und sind nicht bereit, Hinweise auf die Unrichtigkeit ihrer Auffassung zur Kenntnis zu nehmen, selbst wenn diese Hinweise von gleichberechtigten Organen der Rechtspflege, den Anwälten, vorgetragen werden. Wenn sich nun ein einzelner Richter einmal nicht an die gesetzlichen Vorschriften halten will, dann wird damit die Rechtsstaatlichkeit noch nicht als problematisch hingestellt werden können. Denn in diesen Fällen besteht doch gerade die Einspruchsmöglichkeit und damit die Korrigierbarkeit einer unrichtigen Entscheidung, womit letztlich das rechtsstaatliche Verfahren wieder gewährleistet erscheint. Bei Gerichtszweigen, die ein besonderes Verfahren vorsehen, z. B. in Arbeitsrechtstreitigkeiten, kann die Korrigierbarkeit von Entscheidungen durch das Gericht allerdings häufig als fraglich erscheinen. Hier wird einerseits die in der Regel bestehende dritte Instanz, die Revisionsmöglichkeit zum Bundesarbeitsgericht, vom Berufungsgericht sehr häufig ausgeschlossen. Einerseits strebt die Justiz einen rascheren Abschluss des Verfahrens an, was durchaus im Sinne einer Auseinandersetzung zwischen zwei Parteien eines gemeinsamen Arbeitsverhältnisses sein kann, das womöglich fortgesetzt werden soll. Oder der Berufungsrichter scheut die Revision und will die Aufhebung seines Urteils verhindern. Oder eine der beiden Parteien scheut eine solche Einspruchsmöglichkeit, weil sich infolge der langen Dauer derartiger Verfahren der Schaden für diese Partei sehr stark vergrößern könnte. Allerdings wird eine gerechte Beurteilung der Sachlage dann verhindert, wenn sie besonders im Hinblick auf eine richtige Entscheidung erforderlich gewesen wäre.

Zu derartigen rechtlichen Unstimmigkeiten hat sich nunmehr ein bundesdeutscher Richter selbst zu Wort gemeldet und erklärt, „das Ende der Gerechtigkeit" in unserem Rechtsstaat sei gekommen. In den einzelnen Kapiteln dieses Buches erfährt man von „rechtsfreien Räumen". Es werden Risiken, die mit den Flüchtlingen ins Land gekommen sind, benannt und schließlich Ausführungen zu „Gerechtigkeit. Was ist das?" gemacht, wobei der Verfasser seinen Berufsstand ausdrücklich lobt. Er meint wirklich allen Ernstes, sein von ihm verfasstes Buch (Das Ende der Gerechtigkeit) käme „… ohne Beispiele aus seiner Erfahrung als Richter aus". Nach seiner Auffassung „gelte dies auch für fast alle anderen Richter". Denn für sie sei „… die Gerechtigkeit kein großes Thema, weil sie damit im Reinen sind". Etwas später meint dieser Verfasser allerdings dann etwas kleinlaut, er habe sich zumindest „… stets bemüht, ein gerechtes Urteil zu finden".

Das erinnert an einen Arbeitnehmer, der seinem Arbeitgeber wegen des nicht eingetretenen Erfolges seiner ausgeübten Tätigkeit erklärt: „Chef, ich habe den Auftrag nicht richtig ausgeführt, aber ich habe mich zumindest bemüht, die Arbeit richtig zu machen". Ein solcher Arbeitnehmer wird sich vermutlich nicht mehr sehr lange an seinem Arbeitsplatz behaupten können.

Die hier gemachten Ausführungen werden sich daher im Wesentlichen mit der fragwürdigen Rechtsstaatlichkeit der bundesdeutschen Justiz befassen, weil diese dritte Gewalt, wie bereits angedeutet, die mit Abstand wichtigste und anspruchsvollste Kraft im Rahmen der Gewaltenteilung eines Rechtsstaates ist. Einerseits sind die Gerichte absolut unabhängig und können somit weder von dem Parlament noch von der Verwaltung in irgendeiner Weise beeinflusst werden. So etwas geschieht heute beispielsweise im EU-Staat Polen, wo unliebsame Richter einfach in Pension geschickt werden. Andererseits sind die Richter des Bundesverfassungsgerichts praktisch die verfassungsrechtlichen Kontrollorgane der beiden anderen Gewalten, des Parlaments und der Verwaltung. Denn sie können Gesetze für nichtig und eine unrichtige Verwaltungstätigkeit für rechtswidrig bzw. verfassungswidrig erklären. Demgegenüber könnte die Verwaltung niemals die Rechtsprechung ignorieren oder ihr ganz bewusst widersprechen. Und der Bundestag könnte allenfalls andere Gesetze erlassen.

Die in diesem Buch aufgeführten beispielhaften Berichte sind somit in eine aufsteigende, sich immer stärker herausbildende Rechtswidrigkeitslinie gegliedert. Zuerst werden leichtere, allgemein übliche Verstöße in Zivil- und Arbeitsverfahren aufgezeigt. Anschließend wird von fünf schwerwiegenden strafrechtlichen Fehlurteilen berichtet, in denen der deutsche Rechtsstaat praktisch eine rechtswidrige Freiheitsberaubung im Amt begeht und damit das Leben des Einzelnen bewusst zerstört, ohne das Unrecht zu beseitigen. Aus dem Bereich der Verwaltung werden Sachverhalte dargelegt, in denen sich die Regierung weigert, strafrechtliche Konsequenzen zu ziehen bzw. für sämtliche Teile der Bevölkerung rechtmäßige Gesetze zu erlassen. Neben teilweise rechtswidrigem Verhalten des Parlaments wird von einer Reihe von fragwürdigen Verfassungsurteilen berichtet, obwohl doch eigentlich das Bundesverfassungsgericht als der vorgesehene Schützer der Verfassung bezeichnet und gedacht ist. Schließlich wird allgemein dem Phänomen einer Rechtsbeugung im deutschen Rechtswesen nachgegangen.

Die Rechtsbeugung, in § 339 StGB geregelt, bestimmt kurz gesagt, dass z. B. ein Richter, der in seiner Entscheidung eine Partei bewusst bevorzugt, sich der Beugung des Rechts schuldig macht. Schließlich werden auch andere mögliche Ursachen des richterlichen Fehlverhaltens aufgezeigt.

Die Urteile und Sachverhalte sind jeweils nur einzelne Beispiele aus einer Vielzahl von Rechtswidrigkeiten und Verstößen. Soweit angesprochen, werden sie im Wesentlichen vollständig dargelegt, ohne eine juristische Bewertung zu bringen. Denn dem Leser soll aus den umfassend dargelegten Beispielen kritisierter Urteile bzw. der rechtswidrigen Verwaltungstätigkeit nur der unmittelbare Verstoß gegen verfassungsrechtliche Grundsätze deutlich gemacht werden. Absicht der gemachten Ausführungen ist es, dem interessierten Betrachter die Frage zu stellen, ob die Handlungen der Bundesrepublik Deutschland wirklich noch rechtsstaatlich genannt werden können. So jedenfalls hatten es sich die Mütter und Väter bei der Schaffung des Grundgesetzes, unserer Verfassung, vorgestellt.

Natürlich kann diese Kritik nicht gegenüber sämtlichen Richtern gelten. Zahlreiche Richter und Richterinnen, mit Sicherheit der überwiegende Teil, halten sich an die gesetzlich vorgegebenen Vorschriften. Die Vielzahl von falschen Entscheidungen wird aber für sich sprechen.

Ein kurzes Nachwort soll darlegen, wie die Rechtswidrigkeiten durch rechtsstaatliche Mittel abgemildert werden können.

Allgemeine Gerichtsverfahren

1. Frühere Gerichtsverfahren

In der Zeit der Monarchie vor dem Ersten Weltkrieg, in der wesentliche Gesetze des Zivil- und Strafrechts sowie deren Verfahrensordnungen entstanden, hatten die Staatsbürger noch die notwendige Achtung und den Respekt vor den Gerichten, was man heute oft nicht mehr feststellen kann. Eine Konsequenz dieses Verhaltens war die eindeutige Feststellung, dass Entscheidungen der Gerichte im Allgemeinen akzeptiert wurden, ohne sämtliche Überprüfungsmöglichkeiten in jedem Fall auszuschöpfen. Heute sind zwei Instanzen eines Gerichtsverfahrens die absolute Regel, was natürlich zwangsläufig dazu führen muss, dass es ungleich mehr Verfahren in jedem Rechtsgebiet in unserer Gesellschaft gibt. Daraus ergeben sich wiederum auch willkürliche Verhaltensweisen von Richtern, die in früheren Zeiten wahrscheinlich nicht einmal aufgefallen wären.

2. Richterliche Überheblichkeit

Ein solches Beispiel ist ein Richter, ein Senatsvorsitzender eines Oberlandesgerichts. Dieser äußerte sich im Rahmen eines allgemeinen Gesprächs unter Juristenkollegen zur Frage der Problematik von Parteivorträgen in der Gerichtsverhandlung im Rahmen eines umfassenden Beweisverfahrens. Es ging vor allem um die Auffassung einer Partei, die aus verfahrensrechtlichen Gründen nach der Zivilprozessordnung nur von Rechtsanwälten vor den Obergerichten vorgetragen werden kann. In diesen Verfahren, die in der Regel Berufungsinstanzen sind, werden alle tatsächlichen und rechtlichen Möglichkeiten ausgeschöpft, von der Beibringung von ausführlichen Gutachten über zusätzliche Zeugeneinvernahmen bis hin zu richterlichen Stellungnahmen und der allgemeinen Beweiswürdigung. Bezüglich der richtigen Entscheidungsfindung des Oberlandesgerichts äußerte sich der betreffende Senatsvorsitzende sinngemäß wie folgt: „Wenn wir uns im Senat eine Meinung gebildet haben, dann bleiben wir bei dieser Auffassung und vertreten sie auch konsequent weiter. Und ganz gleich, selbst wenn der Anwalt eine andere Auffassung vertritt, bleiben wir trotzdem bei unserer Meinung. Und wenn die Auffassung des Anwalts richtig ist, dann bleiben wir dennoch bei der von uns einmal gefassten und vertretenen Meinung".

Soweit dies, wenn auch im Einzelfall, die offizielle Auffassung eines Gerichts über den richtigen Verlauf einer Verhandlung sein soll, wie kann man sich da als Staatsbürger verhalten? Wie soll man dann die Notwendigkeit eines gerichtlichen Verfahrens überhaupt bewerten? Selbst wenn dies lediglich ein krasser Einzelfall sein mag, was haben eigentlich Rechtsstreitigkeiten, die in heftigen Diskussionen – mündlich oder schriftlich – versuchen, der Wahrheit näher zu kommen, dann noch für einen Sinn? Eine derartige Verfahrensweise in Gerichtsverhandlungen erinnert fatal an eine diktatorische Herrschaft, in der der oberste Repräsentant praktisch nach Gutsherrenart entscheidet, wie der zu behandelnde und beurteilende Rechtsfall zu lösen sei.

Wer glaubt, derartige Fehlerquellen in der Justiz lassen sich erst nach langjähriger Berufserfahrung feststellen, unterliegt leider einer Fehleinschätzung.

3. Vorgefasstes Strafurteil

Als angehender Jurist ist man am Ende seiner Ausbildung bei verschiedenen Justizstellen eingesetzt, um eventuell ausgefallene Mitarbeiter zu ersetzen, wie beispielsweise als Protokollführer in einer Gerichtsverhandlung. Oder man nimmt aus Gründen der Weiterbildung als Zuhörer an einer Strafverhandlung teil.

An einer durchschnittlichen Strafverhandlung vor einem Amtsgericht mit einem Einzelrichter nahm der Autor teil und befand sich pünktlich im Beratungszimmer des Vorsitzenden. Kurz vor Beginn der Verhandlung kam der Staatsanwalt in das Beratungszimmer. Beide, sowohl der Richter als auch der Staatsanwalt, kannten sich offensichtlich gut. Sie begannen in Anwesenheit des jungen Juristen sofort ein Gespräch, in dem der Richter, zum Staatsanwalt gerichtet, meinte: „Welche Strafe geben wir (!) dem Angeklagten?" Danach machte er einen Vorschlag. Der Staatsanwalt gab durch Nicken sein Einverständnis kund. Der Ausgang der Strafverhandlung stand damit fest und erfolgte auch so. Die Anwesenheit eines Dritten störte beide nicht, zumal aus einem Beratungszimmer nichts nach außen dringen darf.

Der in der Verhandlung auftretende Rechtsanwalt – ein übrigens später sehr berühmt gewordener Strafverteidiger – hatte somit keinerlei Chancen, das Ergebnis der Verhandlung vielleicht doch noch in die von ihm vorgesehene Richtung zu lenken. So etwas kommt auch bei anderen Gerichten vor, wie sich zeigen wird.

4. Beratungsresistenter Richter

In zivilen Rechtsstreitigkeiten, in denen der Vorsitzende Richter nicht die vorgefasste Auffassung wie der geschilderte Senatsvorsitzende des Oberlandesgerichts besitzt, ist dennoch häufig festzustellen, dass Richter in vielen Fällen geradezu als beratungsresistent erscheinen.

In einem Streit zwischen einer Bauherrin und ihrem Architekten war es zu einem unausweichlichen Gerichtsverfahren gekommen. Die Bauherrin hatte dem Architekten eine Reihe von Baumängeln vorgeworfen, die sich dann später in der Verhandlung bis auf einen als nicht gravierend herausstellten. Allerdings hatte der Architekt gegen die Bauherrin eine nicht unbeträchtliche Summe eingeklagt, die sich hauptsächlich aus dem vereinbarten Honorar zwischen den Parteien, also dem Architekten und der Bauherrin ergab. In der Vergangenheit war die Gebühren-ordnung für Architekten und Ingenieure aufgehoben und statt-dessen die HOAI (Honorarordnung für Architekten und Ingenieure) erlassen worden.

Nach Durchsicht sämtlicher Unterlagen, auch des vertraglich geschlossenen Architektenvertrages, stellte sich heraus, dass die Parteien eine unwirksame Honorarvereinbarung geschlossen hatten, so dass lediglich die gesetzlichen Gebührensätze galten. Der Gesetzgeber hatte in der angesprochenen HOAI festgelegt, dass eine freie, über die Summe der gesetzlichen Gebühr hinausgehende Vereinbarung zwischen dem Architekten und dem Bauherrn nur wirksam ist, wenn diese Vereinbarung bei Beginn des Auftragsverhältnisses geschlossen wurde.

Der Sinn der Vorschrift, oder wie der Jurist sagt, die „ratio legis", ist klar. Eine derartige Vereinbarung solle nur dann gelten, wenn sie zu Beginn des Vertragsverhältnisses vereinbart wurde. Denn der Bauherr kann sich, soweit das Auftragsverhältnis noch nicht entscheidend begonnen hat, gegebenenfalls an einen anderen Architekten wenden, der eventuell mit einem geringeren Architektenhonorar einverstanden ist. Wie sich aus den Unterlagen ergab, war die betreffende Honorarvereinbarung ein halbes Jahr, also sechs Monate nach dem Ausführungsbeginn, geschlossen worden. Dies war das einschlägige Argument für den Beklagtenvertreter, der damit hoffte, den Prozess zu gewinnen, in welchem der Architekt sein (überhöhtes) Honorar einklagte.

Die damals eingeführte und geltende Vorschrift in der Honorarordnung für Architekten besagte, dass diese Vereinbarung nur dann wirksam ist, wenn sie bei Auftragserteilung geschlossen wurde. Dabei muss der Zeitpunkt der Honorarvereinbarung natürlich nicht exakt auf den Tag des Baubeginns fallen. Entscheidend war, dass diese Vereinbarung zwischen den Parteien in unmittelbarem zeitlichem Zusammenhang mit der Auftragserteilung geschlossen worden war. Das konnte selbstverständlich auch ein oder zwei Wochen danach noch geschehen sein. Dies versuchte der Anwalt des Bauherren dem Vorsitzenden einer Baukammer, die eigentlich ausschließlich Bausachen zu entscheiden hatte, klar zu machen. Denn ein halbes Jahr nach Auftragsbeginn konnte nicht mehr von einem zeitlichen Zusammenhang gesprochen werden. Der Richter ging auf dieses Argument überhaupt nicht ein. Er schaute den Anwalt immer nur verständnislos an. Lediglich ein erfahrener Baufachspezialist aus Augsburg erklärte: „Herr Kollege, Sie haben selbstverständlich völlig Recht: Aber Sie werden niemals Recht bekommen."

Das Oberlandesgericht München in der Berufungsinstanz hat dann dem Spuk ein Ende gemacht und die anwaltliche Auffassung des Beklagtenvertreters ohne weiteres bestätigt.

Die berechtigte Frage hierbei ist: kann es sein, dass ein Richter bei einer zweifellos einfachen Rechtsfrage, die jeder Student in der Examensprüfung richtig beantworten könnte, einfach nicht in der Lage ist, das Gesetz richtig anzuwenden? Oder handelt es sich hierbei um eine typische richterliche Willkür? Die Unkenntnis, die hierbei wohl vermutlich vorlag, kann dann aber innerhalb der deutschen Justiz doch sehr erschreckend sein.

5. Gericht und Verwaltung handeln gemeinsam rechtwidrig

Im folgenden Fall waren eine fachkompetente Behörde, das Arbeitsamt München, eine große Strafkammer mit einer Staatsanwaltschaft und ein Sozialgericht auf dem besten Wege, mit ihrem rechtswidrigen Verhalten einen mittelständischen Betrieb in die mögliche Insolvenz und damit in den finanziellen Ruin zu treiben.

Ein Bauunternehmen im Süden von München, vertreten durch einen Geschäftsführer, konnte die eigene Belegschaft wegen des Preisverfalls nicht mehr beschäftigen und hatte deswegen Kurzarbeit angemeldet. Die genehmigte und ausgezahlte Summe belief sich bereits auf fast 400.000 DM. Das Bauunternehmen musste aber weiter Umsatz machen und Geld verdienen, damit die zeitweise nicht beschäftigten Angestellten, die im Gegensatz zu den gewerblichen Arbeitern keinen Anspruch auf Kurzarbeitergeld hatten, bezahlt werden konnten. Das Unternehmen nahm daher an einer Ausschreibung für ein großes Bauvorhaben teil. Die eigene Belegschaft aus den gewerblichen Arbeitnehmern kam wegen deren hohen Stundenlöhnen bei der Ausschreibung nicht in Frage. Auf die hohen Stundenlöhne teilweise zu verzichten, waren die Arbeiter der Baufirma selbstverständlich auch nicht bereit. Deshalb wurde als Subunternehmer eine Baufirma aus Osteuropa beauftragt, da die Arbeiter dieser Firmen erfahrungsgemäß mit niedrigeren Stundenlöhnen arbeiteten und dieser Subunternehmer den Rohbau mit seinen eigenen Arbeitern durchführte.

Der Arbeitsamtsdirektor in München erstattete wegen dieses Sachverhalts kurze Zeit später Strafanzeige wegen Betruges gegen den Geschäftsführer des besagten Unternehmens. Er meinte, weil das Bauunternehmen den Auftrag nicht mit eigenen, sondern mit fremden Arbeitern ausführte, habe es sich offensichtlich durch Betrug die Kurzarbeit in dieser Höhe erschwindelt. Das zuständige Landgericht hatte bereits die Anklage zugelassen. Wegen der zu erwartenden Freiheitsstrafe von mindestens vier Jahren sollte die Strafkammer mit drei Berufsrichtern verhandeln. Eine bedeutende Anwaltskanzlei hatte die Strafverteidigung übernommen.

Für die Vertretung in einem großen Arbeitgeberverband, dem das Bauunternehmen als Mitglied angehörte, wurde es nun kritisch. Denn einerseits war das Unternehmen bei der Beantragung des Kurzarbeitergeldes eingehend beraten worden, andererseits sollte dieses Verhalten nun plötzlich ein schweres Vergehen oder Verbrechen sein. Ein Fachanwalt für Sozialrecht wurde eingeschaltet, der das Verhalten des Arbeitgeberverbandes voll billigte. Andererseits gab es auch noch die Überprüfungsmöglichkeit beim Sozialgericht. Denn das Arbeitsamt hatte einen Aufhebungsbescheid hinsichtlich des Kurzarbeitergeldes erlassen, der fristgemäß (innerhalb eines Monats) angefochten werden musste. Das wiederum bot die Gelegenheit, vor diesem Gericht, das sich tagaus tagein mit solchen Fällen zu beschäftigen hat, eine Auskunft in sachlicher und rechtlicher Hinsicht nach den gesetzlichen Vorschriften zu bekommen. Das zuständige Sozialgericht erklärte auf Anfrage, es würde in jedem Fall die eingereichte Anfechtungsklage abweisen, so dass der Bauunternehmer das Kurzarbeitergeld in Höhe von 400.000 DM zurückzahlen müsste, ganz abgesehen davon, dass dessen Geschäftsführer im Strafverfahren mit einer erheblichen Strafe zu rechnen hatte.

Als der Justitiar des Arbeitgeberverbandes daraufhin die Bundesanstalt für Arbeit in Nürnberg, genauer gesagt, das für das Arbeitsamt zuständige Landesarbeitsamt in Nürnberg auf das rechtswidrige Verhalten des Arbeitsamtsdirektors und in der Folge die unrichtige rechtliche Auffassung der Strafkammer und des Sozialgerichts hinwies, wurde diese rechtswidrigen Maßnahme (Strafanzeige wegen Betrugsversuches durch das Arbeitsamt München) ohne nähere Begründung sofort aufgehoben und beseitigt. Das Strafverfahren vor dem Landgericht München und der mögliche Prozess vor dem Sozialgericht waren damit erledigt.

Ohne das Einschalten der Bundesanstalt für Arbeit wäre es zu zwei großen Fehlurteilen, einmal beim Strafgericht, einmal beim Sozialgericht, mit erheblichen Nachteilen für das Bauunternehmen gekommen. Das Arbeitsamt wusste oder hätte wissen müssen, dass bei diesem geschilderten Sachverhalt niemals ein Betrug vorliegen konnte. Die Strafkammer mit drei Berufsrichtern hätte ebenso wie die Staatsanwaltschaft ihre falsche rechtliche Auffassung erkennen oder sich zumindest durch Fachkompetenz informieren können. Und das Sozialgericht, das im Wesentlichen ständig mit diesen Fällen zu tun hat, hätte sich ebenfalls nicht auf Unkenntnis berufen können.

Wie kann eine derartige Unkenntnis in zwei unabhängigen Gerichten überhaupt möglich sein? Man kann nicht soweit gehen, zu behaupten, die deutsche Justiz sei nur noch mit unwissenden Richtern besetzt. Wäre das Landesarbeitsamt Nordbayern nicht eingeschritten, hätte die große Strafkammer eine hohe Freiheitsstrafe ausgesprochen und das mittelständische Unternehmen wäre womöglich ruiniert gewesen.

Richterliche Verstöße im Arbeitsrecht

Das Arbeitsgerichtsverfahren ist ein gesonderter Gerichtszweig des Zivilverfahrens und regelt die Streitigkeiten zwischen Arbeitnehmern und Arbeitgebern, wobei das Ziel dieser Gerichte ist, ein streitiges Arbeitsverhältnis nicht durch ein Gerichtsverfahren zusätzlich zu belasten. Aus diesem Grunde ist ein zwischen den Parteien geschlossener Vergleich nicht nur vom Gesetzgeber ausdrücklich gewünscht, sondern auch eine durchaus erstrebenswerte Beendigungsmöglichkeit in diesem Gerichtsverfahren. Oberster Grundsatz des Arbeitsgerichtsverfahrens sollte und müsste allerdings sein, dass es sich dabei um ein objektives Gerichtsverfahren handelt, bei dem der Richter ausschließlich nach den gesetzlichen Vorschriften den Sachverhalt abschließend beurteilt und nicht eine der beiden streitenden Parteien bevorzugt.

1. Richter als Sozialpolitiker

Es gibt zwar immer wieder Anwälte, vor allem solche, die in der Regel ausschließlich Arbeitnehmer vor den Arbeitsgerichten vertreten und behaupten, der Arbeitgeber habe vor diesem Gerichtszweig keinerlei Chancen. Das ist zwar grober Unsinn, weil im Allgemeinen ein objektiver Vorsitzender Richter den Arbeitnehmer, der vielleicht eine Bevorzugung erhofft, von vornherein darauf hinweist, dass es sich hierbei um ein objektives Gerichtsverfahren handelt. Ein korrekter Richter würde darauf hinweisen, dass ausschließlich die Sach- und Rechtslage den Ausgang des Verfahrens bestimmen. Dennoch sind häufig Richter oder Richterinnen anzutreffen, die dazu neigen, den Standpunkt des Arbeitnehmers etwas positiver und auch wohlwollender zu sehen.

In diesem Sinne äußerte sich auch ein Richter am Arbeitsgericht Hamburg ganz offen und unmissverständlich. Er erklärte nämlich vor laufender Kamera ungeniert, ihm gehe es bei der Arbeitsgerichtsverhandlung nicht um Rechtsprechung. Er wolle vielmehr in der von ihm geleiteten Gerichtsverhandlung ausschließlich Sozialpolitik für die Schwächeren in unserer Gesellschaft betreiben. Was mit diesem Arbeitsrichter in der Justiz in Hamburg geschah, ist nicht bekannt. Tatsache ist aber, dass ein derartiger Vorsitzender Richter nicht nur gegen den absoluten Grundsatz der Objektivität in der Justiz verstößt. Für ihn war auch der verfassungsrechtliche Grundsatz der Gewaltenteilung ganz offensichtlich ein Fremdwort.

2. Richter nötigt zum Vergleichsabschluss

In ähnlicher Weise verhielt sich ein Richter am Arbeitsgericht München, der dafür bekannt war, dass er mit der Verfahrensordnung und wohl auch dem materiellen Arbeitsrecht offensichtlich Schwierigkeiten hatte. Wenn bei einem arbeitsgerichtlichen Termin die Parteien im Sitzungssaal erschienen, begann er sofort mit dem Satz: „Ich mache nur Vergleiche". Sollte sich dann aus verständlichen Gründen einer der Parteienvertreter, in der Regel der Arbeitgebervertreter, weigern, ging der Richter soweit, die Parteien ins Beratungszimmer zu nötigen, um hier, ohne Anwesenheit der notwendigen Öffentlichkeit, über eine vergleichsweise Beendigung des Rechtsstreits zu verhandeln und die Parteien förmlich zu einem Vergleichsabschluss zu zwingen.

Dieser Richter hatte, einmal unterstellt, dass ihm die Verfahrensordnung zumindest in den Grundzügen bekannt war, die Regelungen des Kündigungsschutzgesetzes (KSchG), einen diesbezüglichen Sachverhalt zu erforschen, gründlich missverstanden. Dieses Gesetz befasst sich, wie schon der Name sagt, mit dem allgemeinen Schutz des Arbeitnehmers, wenn der Arbeitgeber durch Kündigung das Arbeitsverhältnis beenden möchte.

Nach § 9 KSchG kann der Richter, wenn dem Arbeitnehmer die Fortsetzung des Arbeitsverhältnisses trotz Unwirksamkeit der Kündigung nicht mehr zuzumuten ist, das Arbeitsverhältnis auf Antrag auflösen. Gleichzeitig spricht das Gericht dem Arbeitnehmer eine angemessene Abfindung für den Verlust des Arbeitsplatzes zu. Viele Arbeitsrichter vermitteln allerdings den Eindruck, wegen des laufenden Rechtsstreits zwischen den Parteien sei die Fortsetzung des Vertragsverhältnis dem Arbeitnehmer in der Regel sowieso nicht mehr zuzumuten. Sie arbeiten deshalb häufig auf eine Beendigung mit einer Abfindung hin. Dies hat einerseits für den Richter den immensen Vorteil, in einer Verhandlung den Rechtsstreit insgesamt zu beenden, andererseits muss das Gericht keine Entscheidung mehr treffen, die durch ein Berufungsurteil des Landesarbeitsgerichtes wieder aufgehoben werden könnte. Und die Anwälte werden vom Gesetzgeber zusätzlich belohnt, indem sie bei Vergleichsabschluss neben den normalen Gebühren eine zusätzliche Vergleichsgebühr erhalten.

In dieser Weise wird, manches Mal fast in Form einer Nötigung, die eine Partei, meistens der Arbeitgeber, zum Abschluss eines Vergleiches gezwungen, obwohl sie eigentlich die berechtigte Auffassung vertritt, z. B. eine Kündigung ordnungsgemäß wirksam und völlig zu Recht ausgesprochen zu haben.

Diese Art eines Gerichtsverfahrens hat mit der Rechtsstaatlichkeit der Justiz nichts mehr gemein. Hier wird eine Partei gezwungen oder richtiger gesagt, genötigt, sich zu etwas zu entscheiden, das sie berechtigterweise nicht wollte. Weigert sich der Arbeitgeber dennoch, einem Vergleichsabschluss zuzustimmen, riskiert er in aller Regel, ein unterliegendes Urteil hinzunehmen. Damit wird entweder das Arbeitsverhältnis fortgesetzt oder die Berechtigung der Kündigung muss erst in einem langwierigen Verfahren, unter Umständen in drei Instanzen bis zum Bundesarbeitsgericht, mit enormen finanziellen Kosten durchgeführt werden.

3. Richter bevorzugt bewusst eine Partei

In einem Fall waren die Parteien zwar mit dem Abschluss des Vergleichs und der Höhe der Abfindung einverstanden. Dennoch wollte der Vorsitzende Richter aus unerfindlichen Gründen dem Arbeitnehmer zu einer höheren Vergleichssumme verhelfen.

Der Arbeitgeber hatte einem Baupolier mit einem Monatsgehalt von ca. 4.000 DM aus nicht mehr nachvollziehbaren Gründen gekündigt. Dabei war ihm aber der Fehler unterlaufen, dass die schriftliche Kündigung dem Arbeitnehmer erst nach Ablauf der sechs Monate zugegangen war. § 1 KSchG, der die soziale Rechtfertigung einer Arbeitgeberkündigung darstellt, ist praktisch ein gesetzliches, frei kündbares Probearbeitsverhältnis. Hier kann der Arbeitgeber, abgesehen von einer Sittenwidrigkeit, das Arbeitsverhältnis mit dem Arbeitnehmer noch frei kündigen.

Durch den Ablauf dieser Sechs-Monat-Frist hatte dieser Polier den gesetzlichen Kündigungsschutz jedoch erworben, so dass ihm nur noch gekündigt werden konnte, wenn ein bestimmter berechtigter Grund vorlag. Er erhob somit zulässigerweise Kündigungsschutzklage zum Arbeitsgericht, hatte aber bereits einen neuen Arbeitgeber gefunden, bei dem er sich offensichtlich wohler als bei dem früheren fühlte. Die Klage hatte somit lediglich den Sinn, von dem früheren Arbeitgeber zulässigerweise wenigstens eine Abfindung für den Verlust des alten Arbeitsverhältnisses zu erhalten. Vor dem Gerichtstermin trafen sich der Kläger und der Anwalt des Arbeitgebers. Der Arbeitnehmer erklärte, mit der Beendigung des Arbeitsverhältnisses und mit der vom Arbeitgeber angebotenen Abfindung in Höhe von 1.000 DM einverstanden zu sein.

Im Gerichtssaal teilten beide daraufhin dem Vorsitzenden Richter der Kammer mit, der Kläger sei mit der angebotenen Abfindung von 1.000 DM einverstanden, der Vergleich müsse nur noch protokolliert werden. Bei einem monatlichen Gehalt für einen Polier von 4.000 DM, einer Abfindungssumme von einem halben Monatseinkommen und einer Betriebszugehörigkeit von lediglich sechs Monaten war damit die vom Arbeitgeber angebotene Abfindungssumme von 1.000 DM absolut korrekt. Dies ergibt sich auch aus § 1a Abs. 2 KSchG, wo die Höhe der Abfindungssumme gesetzlich festgelegt ist.

Aus völlig unerfindlichen Gründen erklärte aber der Vorsitzende Richter, mit der Höhe der Abfindungssumme sei er nicht einverstanden. Sie müsste in jedem Fall bei 1.500 DM liegen. Dabei hätte dem Richter klar sein müssen, dass der zu vereinbarende Vergleich – außer er wäre sittenwidrig – eine ausschließliche Vereinbarung zwischen den Parteien ist. Als dem Arbeitgeber-Anwalt schließlich der Geduldsfaden riss, erklärte dieser, der Richter möge seine Richterrobe ausziehen, sich eine Anwaltsrobe besorgen und könne dann mit dem Beklagtenvertreter über die Höhe verhandeln. Das Verfahren endete damit, dass es in einem späteren zusätzlichen Streittermin bei der Abfindungssumme von 1.000 DM blieb. Der neue Termin war völlig unnötig und hatte Gericht und Anwaltskanzlei lediglich zusätzliche Zeit und Kosten verursacht. Die Parteien müssen über die Beendigung des Arbeitsverhältnisses und die Abfindungshöhe einig sein (vorausgesetzt, dies ist alles nicht sittenwidrig). Die Aufgabe des Richters ist es in diesem Fall lediglich, den abgeschlossenen Vergleich ins Gerichtsprotokoll zu diktieren, damit er sich in den Akten befindet und das Verfahren beendet ist.

Was hat ein derartiges Verhalten des Richters noch mit einem unparteilichen, objektiven rechtsstaatlichen Gerichtsverfahren zu tun, wenn er sich anmaßt, lediglich die Situation der einen Partei zu verbessern?

4. Richter missachtet gesetzliche Vorschrift

Manche Richter (oder Richterinnen) sind nicht gewillt, sich an gesetzliche Vorschriften und die dazu ergangene höchstrichterliche Rechtsprechung zu halten. Leider muss man als Anwalt immer wieder feststellen, dass dieses Richterverhalten kein Einzelfall ist.

Eine Richterin am Arbeitsgericht, noch dazu eine besonders qualifizierte Juristin, erklärte in einem Arbeitsgerichtsverfahren im Streittermin, in dem in aller Regel unmittelbar das Urteil erlassen wird: Der Beklagtenvertreter einer Münchner Firma hätte bei seiner Begründung einer personenbedingten Kündigung noch zusätzlich vortragen müssen, wie oft am Tag der mittlerweile kranke Arbeitnehmer die schweren Zementsäcke tragen musste. Auf die Bitte des Arbeitgebervertreters um eine kurze Schriftsatzfrist zur Beantwortung erwiderte die Richterin, eine Schriftsatzfrist werde nicht gewährt. Das Gericht werde sofort mit einem Endurteil entscheiden. Es war somit klar, dass dies natürlich zu Ungunsten des Arbeitgebers ausgegangen wäre. Die Richterin begründete ihre Haltung mit dem Hinweis, die Vorschrift des § 139 ZPO (richterlicher Hinweis an die Parteien, wenn diese etwas übersehen haben) gelte nicht für Rechtanwälte, schon gar nicht für Fachanwälte für Arbeitsrecht, die so umfassend informiert sind wie der betreffende Anwalt.

Der Rechtsanwalt erklärte daraufhin in der Sitzung, er würde keinen Antrag stellen. Damit war das Gericht praktisch gehindert, eine endgültige Endentscheidung zu fällen. Es hätte lediglich ein Versäumnisurteil erlassen können. Die Frau Vorsitzende erwiderte daraufhin treuherzig (unter großem Gelächter aller Anwesenden im Sitzungssaal): „Herr Rechtsanwalt, Ihr Verhalten, keinen Antrag zu stellen, ist prozessual unanständig".

Abgesehen von der durchaus humorvollen und witzigen Äußerung der Gerichtsvorsitzenden muss das Verhalten aber dennoch entschieden kritisiert werden. Diese Richterin war nicht nur eine gute Juristin, was von allen, die mit ihr zu tun hatten, so gesehen wurde. Sie befand sich permanent in einem Irrtum über diese Vorschrift mit der richterlichen Hinweispflicht (§ 139 ZPO). Denn der Bundesgerichtshof hatte schon längst mehrfach entschieden, dass auch ein Fachanwalt für Arbeitsrecht etwas übersehen kann, genauso wie sich im Übrigen auch ein Richter irren bzw. etwas übersehen kann. Da die besagte Richterin einerseits eine hervorragende Juristin war, andererseits auch im Allgemeinen als nicht überheblich angesehen werden konnte, bleibt die Frage, was sie zu dem Verhalten veranlasste. Weshalb legte sie die Gesetzesnorm bewusst falsch aus und ignorierte einfach die höchstrichterliche Rechtsprechung des BGH? Liegt hier einfach nur eine richterliche Willkür vor? Oder sollte man sagen, der Richter in der deutschen Justiz ist so unabhängig, wie es das Richtergesetz betont, dass er auch Gesetze und Rechtsprechung frei auslegen kann?

5. Richter begeht Rechtsbeugung

Ein ähnlich gelagerter Fall ereignete sich bei demselben Arbeitsgericht, allerdings unter einem anderen Richter, der noch einen Schritt weiter ging.

Ein Arbeitgeber hatte seinem Bauarbeiter wie üblich zu Beginn der Winterzeit gekündigt mit dem Versprechen, ihn eventuell im kommenden Frühjahr wiedereinzustellen. Als sich die Wiedereinstellung verzögerte, verklagte der Arbeitnehmer verständlicherweise den Unternehmer, ihn wieder zu beschäftigen. Da ein unmittelbarer Anspruch auf Weiterbeschäftigung nicht bestand, kam der klägerische Anwalt im letzten Termin auf die Idee, die eventuell nicht ordnungsgemäße Betriebsratsanhörung beim Ausspruch der Kündigung als Anspruchsgrundlage zu benutzen. Die Kündigung mit der erfolgten Betriebsratsanhörung lag mittlerweile über neun Monate zurück, so dass auf diesen Gesichtspunkt von der Beklagtenseite bei der Klageerwiderung verständlicherweise nicht eingegangen worden war.

Der Arbeitsrichter erklärte darauf hin, er werde die Begründetheit der Arbeitnehmerklage auf die bestrittene Betriebsratsanhörung stützen. Eine vom Beklagten erbetene kurze Schriftsatzfrist, dieser klägerische Einwand sei überraschend, lehnte der Richter ab. Als sich der Beklagtenanwalt daraufhin weigerte, einen Antrag im Termin zu stellen, damit der Richter es unterließ, eine endgültige Entscheidung zu fällen, erklärte dieser dem Anwalt, für die Beklagtenseite völlig überraschend: „Der Antrag auf Klageabweisung ist bereits in Ihrem vorbereitenden Schriftsatz gestellt worden."

Für den Nicht-Juristen muss hierbei festgehalten werden, dass im Zivilverfahren, vor den Amtsgerichten, Arbeitsgerichten usw. so wie auch bei den Strafgerichten der Grundsatz der Mündlichkeit gilt. Alle für das jeweilige Verfahren notwendigen Anträge sind nur wirksam, wenn sie im Termin mündlich gestellt und anschließend im Protokoll des Gerichts niedergelegt worden sind. Schriftsätze sind nur ein vorbereitender Vortrag. Dem Vorsitzenden Richter war dies alles natürlich bekannt. Dennoch erließ er ein Urteil zugunsten des Arbeitnehmers gegen den Arbeitgeber, ohne dass im Termin ein wirksamer Antrag gestellt worden war. Dieser schwerwiegende Verfahrensfehler des Arbeitsrichters in der ersten Instanz wurde zwar vor dem Landesarbeitsgericht München in der Berufungsverhandlung wieder korrigiert, allerdings nur auf Druck des Beklagtenvertreters.

Dennoch muss das Verhalten des Arbeitsrichters als eine schwerwiegende Rechtsverletzung gewertet werden. Hierbei handelte es sich nicht nur um eine reine Willkürmaßnahme, sondern um eine eindeutige strafbare Rechtsbeugung. Denn dem Vorsitzenden Richter am Arbeitsgericht München war der Grundsatz der Mündlichkeit vor den Arbeitsgerichten sehr wohl bekannt. Er wusste darüber hinaus auch, dass Schriftsätze, die vor den Arbeitsgerichten zur gegenseitigen Information von beiden Parteien gewechselt werden, ausschließlich provisorischen Charakter haben. Da er sein Urteil völlig zu Unrecht zugunsten der einen Partei und zu Lasten der anderen Partei gefällt hatte, war es somit eindeutig eine strafbare Rechtsbeugung. Sie hätte eigentlich von der Staatsanwaltschaft verfolgt werden müssen. Eine Strafanzeige wegen Rechtsbeugung wurde aber nicht erstattet, weil sie in so gut wie allen Fällen erfolglos ist. Denn die Gerichte, bis hin zum Bundesgerichtshof, sind der Auffassung, geringe „Rechtsbeugungen" seien nicht zu verfolgen.

Eine strafbare Rechtsbeugung im Sinne von § 339 StGB war eindeutig gegeben. Der Richter wusste, dass er damit einseitig unter Verletzung der gesetzlichen Vorschriften eine Partei bevorzugt und die andere benachteiligt. Die genannte Vorschrift (§ 339 StGB) stellt unmissverständlich fest: „Ein Richter, (der) sich … zugunsten … einer Partei einer Beugung des Rechts schuldig macht, wird mit Freiheitsstrafe von einem Jahr bis zu fünf Jahren bestraft". Es ist wirklich skurril, dass ein Richter einerseits die anzuwendenden Gesetze ebenso wie die Strafgesetze genauestens kennt, sich aber dennoch ohne Skrupel einfach nicht daranhält und gegen die Gesetze verstößt.

6. Kein gerichtliches Interesse für Flüchtlinge

Wie mit Flüchtlingen vor Gericht umgegangen wird, zeigt ein Rechtsstreit Ende des Jahres 2020.

Ein afghanischer Flüchtling, vor den Taliban mit seiner gesamten Familie über den Iran und die Türkei nach Deutschland geflohen, hat mittlerweile ein bleibendes Aufenthaltsrecht. Er hat sich integriert, spricht gut Deutsch, hat die Gesellenprüfung im Fliesenlegerhandwerk sehr erfolgreich absolviert und ist nunmehr bei einer oberbayerischen Fliesenlegerfirma tätig. Gut erzogen, immer pünktlich und hilfsbereit, liefert er hervorragende Arbeiten ab, die ihm großes Lob bei den Auftraggebern seines Chefs einbringen. Der möchte ihn sogar zum Vorarbeiter befördern. Dennoch wird er von diesem Arbeitgeber, bei dem er nur 14 Monate angestellt ist, fortlaufend in den monatlichen Abrechnungen betrogen. Nachdem er aus diesem Grunde selbst kündigt, erhält er von dieser Firma, die ihn offensichtlich ungern verliert, aus Verärgerung über die Kündigung des Arbeitnehmers eine fristlose Kündigung, die derart abwegig ist, dass selbst ein Rechtsunkundiger dies sofort erkennen würde.

Das Arbeitsgericht München lässt sich zur Terminierung einer Güteverhandlung (vorgeschrieben zwei Wochen bei Kündigungen nach § 61a ArbGG) fast zwei Monate Zeit. Den ausführlichen Klageschriftsatz wegen der unwirksamen fristlosen Kündigung und der klägerischen Nachzahlungsforderung von fast 10.000 Euro nimmt das Gericht offensichtlich nicht zur Kenntnis. Der Beklagtenvertreter darf im ersten Termin seine wenig überzeugende Klageerwiderung ausführlich vorlesen. Ohne auf die gesetzlich vorgeschriebene Erörterung der Sach- und Rechtslage (§ 54 ArbGG) überhaupt nur annähernd einzugehen, erklärt die Vorsitzende Richterin, der Klageschriftsatz sei unverständlich und die Ansprüche des Klägers seien alle verfallen.

Laut Arbeitsvertrag hatten die Parteien ausdrücklich vereinbart, dass der gesetzliche Mindestlohn (statt 18 € nur 9,35 €) nicht verfallen kann. Stattdessen ist das Gericht lediglich an einem Vergleichsabschluss interessiert. Der Flüchtling wird von der Vorsitzenden sogar noch bedrängt, den Vergleichsvorschlag doch sofort anzunehmen, obwohl sein anwaltlicher Prozessvertreter fortlaufend und sehr deutlich davon abrät.

Das spätere Gerichtsprotokoll weist ebenfalls gravierende Mängel auf. Die im Termin anwesende Beklagte wird nicht aufgeführt. Dass der Kläger den Beklagtenschriftsatz erst im Termin übergeben bekommt, das Gericht ihn aber bereits vorher per Fax erhalten hat, ist für das Gerichtsprotokoll völlig unwesentlich. Der gerichtliche Hinweis im Termin, die Klage sei unverständlich und die Forderung verfallen, ist für die Kammer des Arbeitsgerichts München in der Protokollabschrift identisch mit der gesetzlich vorgeschriebenen ausführlichen Erörterung der Sach- und Rechtslage.

In einem solchen Fall hat die Partei wenigstens noch die Möglichkeit, das Verhalten der Richterin im Rahmen ihrer Amtstätigkeit durch ihren Dienstvorgesetzten, den Präsidenten des Arbeitsgerichts, mittels einer Dienstaufsichtsbeschwerde überprüfen zu lassen. Aber selbst das bleibt erfolglos. Dieser weist die Partei höflich, aber bestimmt darauf hin, dass § 26 Richtergesetz zwar die Dienstaufsicht über den Richter/die Richterin regelt, der ordnungsgemäße Ablauf des Verfahrens und der Rechtsstreit insgesamt aber eine Einheit bilden würden. Deswegen entfalle eine Dienstaufsicht, da andernfalls die richterliche Unabhängigkeit beeinträchtigt würde.

Dafür hatten die ersten Richter des neu geschaffenen Bundesgerichtshofes unter ihrem Vorsitzenden schon gesorgt. Sie hatten das von ihnen konzipierte Richtergesetz auf Veranlassung des damaligen Justizministers so verfasst, dass Maßnahmen und Vorwürfe gegen Richter wegen der Vorkommnisse im Dritten Reich, aber auch bei allen sonstigen Verfahren gegen Richter ausgeschlossen sind.

Ein Antrag im laufenden Arbeitsgerichtsverfahren, die Richterin wegen Befangenheit abzulehnen, bringt ebenfalls nichts, zumal der betreffende Bescheid nach der Verfahrensordnung auch nicht angreifbar ist. (Der Antrag des Klägervertreters, die Vorsitzende Richterin wegen Befangenheit abzulehnen, war letztlich nur dadurch erfolgreich, dass sich die Richterin wegen Befangenheit selbst ablehnte.) In einem derartigen Rechtsstreit, wie dem geschilderten, kann die Partei nur noch hoffen, vielleicht in der nächsten Instanz einen objektiven Richter zu finden, der den Rechtsstreit nach den gesetzlichen Regelungen entscheidet.

Diese Aufzählung von Gesetzes- und Rechtsverstößen vor den Arbeitsgerichten ließe sich beliebig fortsetzen und würde den Leser nur ermüden. Bei derartigen Gesetzwidrigkeiten wird sicherlich auch der nicht unberechtigte Einwand erfolgen, dazu sei der Rechtsanwalt als rechtskundiger Jurist schließlich da, der solche Verstöße monieren und Abhilfe schaffen kann. Das ist richtig. Dieser Einwand verkennt jedoch die Tatsache, dass die Verhandlungen vor den Arbeitsgerichten, ebenso wie vor den Amtsgerichten, in zivilen Streitigkeiten ohne anwaltlichen Beistand – im Gegensatz zu den höheren Instanzen – von den Parteien selbst geführt werden können. Dabei können allerdings solche aufgezählten Verstöße fatale Folgen für die eine oder andere Partei haben, ohne dass sie – mangels erforderlicher Kenntnisse der Parteien – korrigiert oder moniert werden können.

Schwerwiegende strafrechtliche Fehlurteile

Bei den Strafverfahren in der deutschen Justiz muss, im Gegensatz zu den oben genannten Verfahren ohne notwendigen Prozessvertreter, entweder ein Wahl- oder ein vom Gericht zugeordneter Pflichtverteidiger den Angeklagten vertreten. Dennoch enden auch solche Verfahren immer wieder, trotz sicherlich sorgfältiger Prüfung und Überwachung, mit Fehlurteilen. Diese falschen Urteile führen in fast allen Gerichtsverfahren zu einer physischen und psychischen Zerstörung der Angeklagten. Und der „Rechtsstaat" Bundesrepublik hat nicht das geringste Interesse daran, etwas dagegen zu unternehmen. Stattdessen werden von dem zuständigen Justizminium neue Strafvorschriften geschaffen, auf problematische Rechtsvorschriften, die weiter unten aufgeführt sind, wird überhaupt nicht eingegangen.

1. Das aufmüpfige Mädchen

Ein besonders makabres und für die deutsche Justiz typisches Verfahren war der Prozess gegen einen unbescholtenen Mann. Das Strafverfahren wurde in den Medien umfangreich beschrieben und hat nicht das erste Mal gezeigt, dass der deutsche Rechtsstaat mit zweierlei Maß misst. In der Verurteilung eines Angeklagten kommt die Justiz in der Regel, von umfangreichen Beweisaufnahmen einmal abgesehen, ziemlich rasch zu dem Ergebnis, dass der/die Angeklagte zu verurteilen ist. Steht aber die Frage im Raum, eine rechtskräftige Verurteilung könnte vielleicht falsch sein, bedarf es sehr häufig sehr großer Anstrengungen, um die Justiz von der Fehlerhaftigkeit ihrer eigenen rechtskräftigen Entscheidung zu überzeugen.

Die Beseitigung eines Fehlurteils kann nach der Strafprozessordnung durch den Rechtsbehelf der Wiederaufnahme eines durch ein rechtskräftiges Urteil abgeschlossenen Verfahrens erfolgen. Gründe können, kurz gesagt, sein: eine Urkunde war unecht oder gefälscht, ein Zeuge oder Sachverständiger hat falsch ausgesagt, ein für die Verurteilung ursächliches Zivilurteil wurde aufgehoben, neue Tatsachen oder Beweismittel werden beigebracht oder der Richter hat sich bezüglich des Strafverfahrens selbst strafbar gemacht. Eine zumindest teilweise gesetzliche Erschwerung der Wiederaufnahme erscheint insoweit gerechtfertigt, als nicht jede (unwesentliche) Änderung ein Wiederaufnahmeverfahren eröffnen soll.

Der hier geschilderte Strafrechtsfall wurde „das aufmüpfige Mädchen" genannt, weil das Mädchen durch sein Verhalten einerseits die Verurteilung des Opfers verursachte, andererseits aber auch unfreiwillig durch ihre eigene rechtswidrige Einstellung zur Aufdeckung des Fehlurteils beitrug.

Eine Familie, die eine professionelle Pflegestelle führte, hatte das Mädchen M. als Pflegekind aufgenommen. Dieses Kind M., das bereits als 11-jährige mehrfach Geschlechtsverkehr mit einem älteren Jungen hatte, war schon bei der früheren Aufnahme in einem Heim sexuell auffällig geworden und hatte zusätzlich gegenüber Mitschülern und Lehrern erhebliche Gewaltbereitschaft gezeigt. Als die Pflegeeltern sich bereit erklärten, das Kind bei sich aufzunehmen, wurde diese gesamte Vorgeschichte von den zuständigen Behörden bewusst (!) verschwiegen. Offensichtlich sollte damit die Aufnahme bei den Pflegeeltern nicht gefährdet werden. Ein geringfügiger Anlass zwischen den Pflegeeltern und dem Mädchen führte zu einem Zerwürfnis, als das Mädchen zuhause heimlich rauchte. Darauf angesprochen, rechtfertigte das Mädchen dieses Verhalten mit der Bemerkung, das Rauchen sei auch in ihrer Schule erlaubt. Dies stellte sich aber sehr rasch als unwahr heraus. Eine so eindeutige Lüge wollten die Pflegeeltern nicht durchgehen lassen und stellten das Mädchen zur Rede. Offensichtlich sehr schnell aus der Fassung zu bringen, bekam das Mädchen daraufhin einen Wutanfall. Es beschuldigte ihrerseits die Pflegeeltern. Gleichzeitig fasste es sogar dem Pflegevater in den Schritt und drohte zusätzlich, dessen Ehefrau umzubringen. Dieser Vorfall führte schließlich dazu, dass M. das Haus der Pflegeeltern verlassen musste. In diesem Zusammenhang drohte das Mädchen noch zu erzählen, der Pflegevater habe bei ihr „rumgefummelt".

Nachdem am nächsten Tag der leibliche Vater seine Tochter abgeholt hatte, erstattete er kurze Zeit später Strafanzeige gegen den Pflegevater mit der Begründung, dieser habe seine Tochter „täglich sexuell missbraucht, habe sexuelle Handlungen an ihr vorgenommen oder an sich vornehmen lassen", was auch noch in deftigen Einzelheiten ausgiebig beschrieben wurde.

Der beschuldigte Pflegevater unterlag bei dieser Anschuldigung, dies muss man deutlich hervorheben, einem eigenen sehr schwerwiegenden Irrtum. Einerseits wusste er, dass er unschuldig war und seine Unschuld außer Zweifel stand. Er hielt aber andererseits, und dies war sein schwerer Fehler, die gemachten Vorwürfe für so absurd, dass er sich eine Verurteilung nicht vorstellen konnte. Einen Anwalt zur vorherigen ausführlichen Beratung konsultierte er deswegen nicht.

Am 11.05.2004 wurde der Pflegevater angeklagt. In der Verhandlung musste er sich, ganz offensichtlich von keinem engagierten Pflichtverteidiger vertreten, von dem Vorsitzenden Richter absolut ehrverletzende Fragen anhören wie:

„Hat Sie der Sex in Ihrer Ehe frustriert?"

„Wie reagieren Sie auf ein 14-jähriges Mädchen?"

„Hatten Sie schon Geschlechtsverkehr mit einer Toten?"

Das Gericht wäre gerade in diesem Fall, in dem Aussage gegen Aussage stand, im besonderen Maße verpflichtet gewesen, die gesamte bereits geschilderte Vorgeschichte exakt und unparteiisch zu überprüfen. Bei einem solchen Verfahren, bei dem bekanntlich völlig unklar ist, wer die Wahrheit sagt, müsste das Gericht besonders sorgfältig den wahren Sachverhalt herausarbeiten.

Eine sorgfältige Überprüfung des Sachverhalts wurde von dem Vorsitzenden Richter jedoch unterlassen. Stattdessen kam das Landgericht Saarbrücken nach nicht einmal zwei Wochen

Strafverhandlung bereits zu einer endgültigen Feststellung. Fragen über die gesamte Vorgeschichte wurden nicht gestellt, ebenso nicht, weshalb das Mädchen, obwohl es leibliche Eltern hatte, zu Pflegeeltern gegeben wurde.

Das Gericht verurteilte den Angeklagten wegen der angeblich begangenen schweren Sexualdelikte zu einer Gefängnisstrafe von drei Jahren. Das Gericht versuchte, allerdings erfolglos, vor dem Erlass des Urteils, den Angeklagten zu einem Schuldeingeständnis zu bewegen. In diesem Fall hätte er mit einer milderen Strafe rechnen können. Diese unseriöse Methode versuchen Strafrichter gerne anzuwenden, damit sie im Nachhinein eine oberflächliche Verhandlung als gerechtfertigt bezeichnen können. Auf den vom Gericht angebotenen Deal ging der Pflegevater, 60 Jahre alt und Beamter bei der Bundeswehr, verständlicherweise und Gott sei Dank nicht ein. Die dagegen eingelegte Revision wies der Bundesgerichtshof als unbegründet zurück. Kurze Zeit später beantragte der Pflegevater mit einem Strafverteidiger ein Wiederaufnahmeverfahren. Dieses blieb ebenfalls erfolglos, wie die dagegen eingereichte Beschwerde zum Oberlandesgericht Saarbrücken. Das Bundesverfassungsgericht in Karlsruhe nahm die Verfassungsbeschwerde erst gar nicht an. Der Pflegevater musste nun damit rechnen, die Gefängnisstrafe abzusitzen, obwohl er wusste, dass er unschuldig ist.

Schließlich verhalf das aufmüpfige Mädchen, das den Pflegevater völlig zu Unrecht beschuldigt hatte, selbst, allerdings ungewollt, dem Opfer zu seinem Recht. Es strengte nämlich gegen den Pflegevater eine Zivilklage an und verlangte hohes Schmerzensgeld wegen der seelischen Qualen, die es bei den Pflegeeltern und durch den Pflegevater angeblich erlitten hatte.

Das Zivilgericht, das nicht an das Strafurteil gebunden ist, nahm seine Aufgabe zur Überprüfung des Sachverhaltes, ganz im Gegensatz zum Strafgericht, sehr ernst. Es beschäftigte sich gründlich mit der Erforschung der gesamten Umstände, insbesondere der Vorgeschichte des Falles. Nach sorgfältiger Überprüfung kam es schließlich zu dem eindeutigen Ergebnis, dass die Klage des Mädchens abzuweisen ist. Die von dem Mädchen daraufhin eingelegte Berufung zum Oberlandesgericht führte schließlich zu einem erneuten Gutachten über das Verhalten und die Psyche des Mädchens. Dabei gelangte der nunmehrige Gutachter zu der Feststellung, dass das Erstgutachten des Strafgerichts, das zur Verurteilung des Angeklagten geführt hatte, grobe Mängel und Fehler aufwies. Die Entscheidung des Zivilgerichts brachte somit neue Tatsachen und erfüllte schließlich die Voraussetzung einer Wiederaufnahme des Verfahrens im Sinne von § 359 der Strafprozessordnung.

Wer nun glaubt, der zu Unrecht angeklagte Pflegevater komme nun ohne weiteres zu seinem Recht, unterliegt bei der deutschen Justiz einem großen Irrtum. Im Jahr 2011, nach sieben (!) Jahren, lehnten sowohl die Staatsanwaltschaft als auch das Landgericht Saarbrücken den Antrag auf Wiederaufnahme kategorisch ab. Das Landgericht, die Strafkammer, begründete seine Ablehnung mit der grotesken Argumentation, die Originalakten seien plötzlich spurlos verschwunden. Mit einem hervorragenden Strafverteidiger hatte der gestellte Wiederaufnahmeantrag schließlich doch Erfolg und das Urteil der Strafkammer des Landgerichts Saarbrücken gegen den Pflegevater wurde aufgehoben.

Die Tatsache, dass sich ein Gericht irrt, ist nicht das eigentliche Problem. Richter sind auch nur Menschen, die sich selbstverständlich irren können. Das Besorgniserregende an diesem Fall ist, dass der Strafrichter in dem von ihm geleiteten Verfahren schwerwiegende Fehler begangen hatte, die trotz eindeutiger Offensichtlichkeit nicht beseitigt wurden. Bei einem Verfahren, in dem Aussage gegen Aussage steht, ist die richtige Entscheidung sicherlich nicht einfach. Aber gerade dann darf der Richter nicht dem einen glauben und den anderen, in diesem Fall den Angeklagten, als bloßen Lügner einschätzen. Hinzu kam, dass das Strafgericht nur eine relativ kurze Verhandlungszeit angesetzt hatte und die gesamte Vorgeschichte überhaupt nicht erforschte. Der Strafrichter hatte offensichtlich kein Interesse an einer objektiv geführten

Strafverhandlung oder sprach in reiner Willkür einfach den Angeklagten schuldig. Das urteilende Strafgericht hätte den obersten Grundsatz im Strafrecht: „in dubio pro reo" (im Zweifel für den Angeklagten), der im deutschen Strafrecht gilt und den eigentlich jeder Jurastudent im ersten Semester lernt, anwenden müssen. Erfahrene Strafrichter erklären hierzu allerdings gerne, sie hätten keine Zweifel (vielleicht aus Arroganz oder Überheblichkeit?). Folglich könne dieser Rechtssatz auf ihre Entscheidung auch nicht Anwendung finden.

Schon die Römer haben vor über 2000 Jahren diesen obersten Grundsatz bei Anklagen immer beachtet. Ganz offensichtlich hatte der Vorsitzende Richter nicht die geringsten Zweifel an der Schuld des Angeklagten, so dass der Satz: „in dubio pro reo" für ihn auch nicht in Betracht kam.

Auch das Gutachten kann häufig nicht die Wahrheit bringen. Denn auch Gutachter können sich, wie hier geschehen, drastisch irren. Als der Richter, der den Angeklagten verurteilt hatte, zu seinem krassen Fehlurteil befragt wurde, konnte er nichts Stichhaltiges erwidern und lediglich lapidar erklären, es sei alles gesagt worden, was an Begründung notwendig war. Zu einer Entschuldigung für dieses Urteil, mit dem er einem Unschuldigen seine Ehre und seine Freiheit geraubt und ihn in größte finanzielle Schwierigkeiten (Anwalts- und Gerichtskosten, Verlust der Beamtenpension etc.) gebracht hatte, konnte er sich nicht bequemen.

Das Bestürzende an der deutschen Justiz in dieser Sache ist mit Sicherheit zunächst einmal, dass die Frage, wie viele Urteile so fehlerhaft waren und sind, dass sie aufgehoben werden müssten, nicht von der bundesdeutschen Justiz und auch nicht von einer amtierenden Bundesjustizministerin gestellt wird. Bis heute ist diese Problematik von der „rechtsstaatlichen" deutschen Justiz nicht erforscht worden. Man geht allgemein von jedem 25. Strafurteil aus, das fehlerhaft ist. Dabei muss angenommen werden, dass die Dunkelziffer erheblich höher als die Zahl der bekannten und nachgewiesenen Fehlurteile sein dürfte. Wenn man bedenkt, dass bei uns fast alles statistisch festgehalten wird, nicht aber derart wichtige Angelegenheiten, kann dies nur als eine Schande für die Justiz angesehen werden.

Die deutsche Justiz selbst hat natürlich aus verständlichen Gründen nicht das geringste Interesse daran, die Sache zu erforschen. Die Richter selbst sind mit sich ja, wie ein Richter der bundesdeutschen Justiz feststellt, absolut im Reinen, nachdem die Umfragen (natürlich ausschließlich unter den Richtern selbst durchgeführt) belegen, dass die Gerechtigkeit für sie kein Thema sei.

Die Gesellschaft müsste aber über diese Fragen eines Fehlurteils informiert werden. Denn es kann letztlich jeden Staatsbürger treffen, angeklagt und verurteilt zu werden, ohne auch nur die geringste Straftat begangen zu haben. Und selbst die Justiz würde davon profitieren. Zu einen würde sich das Vertrauen in die deutsche Justiz erheblich verbessern. Andererseits könnte derartigen Fehlurteilen gegengesteuert werden. Denn wenn an einem Gericht häufiger Fehlurteile erlassen werden, müsste die Justiz dadurch Abhilfe schaffen, dass mehr Staatsanwälte eingestellt, auch die Ermittlungsbehörden, die Polizei, die nicht zur Justiz gehört, umfassender geschult werden und ganz allgemein ein falsches Urteil zum Anlass zu nehmen, daraus zu lernen.

Ein Fehlurteil stellt für den verantwortlichen Richter keine Beeinträchtigung seiner beruflichen Laufbahn und einer weiteren Beförderung dar. Ein einziges Fehlurteil ist aber immer eines zu viel und muss als eine große Beeinträchtigung der Rechtsstaatlichkeit angesehen werden, wenn schon nicht für die Justiz, so zumindest für den Angeklagten und die Allgemeinheit.

2. Bewusst parteiische Ermittlungen

Dies zeigt in geradezu erschreckender Weise und noch viel krasser der folgende Fall, der zu einer folgenschweren Verurteilung des Angeklagten führte. Staatsanwaltschaft und Gericht bis hin zum Bundesgerichtshof waren auch nach dem Verfahren trotz Eindeutigkeit nicht bereit, ihre fehlerhaften Entscheidungen einzusehen und eventuell zu korrigieren. Da dieser Strafrechtsfall noch nicht allzu lange zurückliegt, werden sich viele Leser an diese Geschichte erinnern. Bis zum heutigen Tag ist der zu Unrecht Verurteilte auf das Schwerste geschädigt, sowohl seelisch, gesundheitlich als auch in finanzieller Hinsicht.

Harry W. ist ein unbescholtener Mann; er wächst in einem kleinen Dorf in der Nähe von Pforzheim auf. Nach dem Schulbesuch absolviert er eine Ausbildung zum Gas- und Wasserinstallateur. In der Freizeit fährt er gerne Motorrad. Im Jahr 1993 lernt er Andrea W. kennen, die ebenfalls dem Fahren mit dem Motorrad frönt. Obwohl die Partnerschaft von Anfang an problematisch erscheint, heiraten sie, als Andrea schwanger wird. Kurze Zeit nach der Geburt des gemeinsamen Sohnes zerbricht die Ehe. Andrea W. verlässt die gemeinsame Wohnung in G. und zieht mit ihrem kleinen Sohn in den Nachbarort. Harry W. bleibt in seinem Dorf, in dem er aufgewachsen ist.

In der Nacht vom 28. auf den 29. April 1997 hört ein Nachbar einen lauten Streit in der Wohnung der Andrea W. Er steht um 2.18 Uhr auf und sieht von seinem eigenen Haus aus in der Wohnung der # Nachbarin W. Licht brennen. Eine Viertelstunde später wacht auch der Vater der Andrea W., der gerade in der Einliegerwohnung seiner Tochter nächtigt, auf, und hört im Wohnzimmer seiner Tochter ein Rumpeln. Er will nachsehen, aber die Türe lässt sich nicht öffnen. Er drückt mit aller Kraft dagegen und sieht seine Tochter am Boden liegen. Sie liegt leblos da, mit einem Wollschal ihres kleinen Sohnes stranguliert. Die kurze Zeit später eintreffende Polizei aus Pforzheim kann keinerlei Einbruchsspuren feststellen. Somit kommen für den Vater, einen erfahrenen Polizisten und ebenfalls in der Polizeidienststelle Pforzheim tätig, lediglich zwei Täter in Betracht: Harry W., der geschiedene Ehemann des Opfers, und ein Kollege des Vaters, ein Polizist aus Pforzheim, der Geliebte von Andrea.

Die Ermittlungen in diesem Fall (versuchter Totschlag) beginnen sofort. Die ermittelnde Polizei in Pforzheim begeht dabei bereits den ersten schweren Fehler. Sie führt nämlich die Ermittlungen selbst durch, obwohl Andrea, selbst Polizistin in Pforzheim und ihr Geliebter, ein Kollege, beide in dieser Dienststelle tätig sind. Harry W. wird am nächsten Tag auf der Dienststelle in Pforzheim vernommen, da nur er für die ermittelnden Polizisten als alleiniger Täter in Frage kommt. Es wird zwar auch das Haus des Geliebten, etwa 20 km vom Tatort entfernt, überwacht. Dabei begehen die Beamten bereits einen weiteren schweren Fehler. Ob vorsätzlich oder grob fahrlässig, kann nicht mehr festgestellt werden. Die Polizisten überprüfen nicht das Auto des Geliebten (des Kollegen), indem sie die Temperatur der Haube seines Autos durch Handauflegen überprüfen. Damit hätte festgestellt werden können, ob das Auto vor kurzem noch gefahren worden ist. Als der Geliebte des Opfers später auf der Polizeidienststelle selbst vernommen wird, kann er das Alibi seiner Ehefrau – er ist nämlich bereits anderweitig verheiratet – vorweisen, dass er die ganze Nacht das eheliche Schlafzimmer nicht verlassen habe.

Am 12. Januar 1998 eröffnet der Vorsitzende des Landgerichts in Karlsruhe die Hauptverhandlung gegen Harry W. Der Richter ist gleichzeitig Vizepräsident des Gerichts und steht kurz vor seiner Pensionierung. Trotz der Schwere der zu beurteilenden Tat setzt er lediglich drei (!) Verhandlungstage an. Die Kürze der Verhandlungstage gibt in einem Strafrechtsfall nur dann einen Sinn, wenn die Sach- und Beweislage für das Gericht völlig unproblematisch ist. Dies scheint bei diesem Strafverfahren, trotz erheblicher Ungereimtheiten, auch für das Gericht gegeben zu sein. Die Polizei als Ermittlungsbehörde hatte am Tatort lediglich zwei abgerissene Fingerlinge von Einweghandschuhen gefunden. Sie schloss daraus, Harry W. habe diese Handschuhe bei der Tat getragen. Tatsächlich trägt W. seit seiner Amputation von zwei Fingern auf Grund eines Motorradunfalls häufig Einweghandschuhe, weil seine Finger extrem kälteempfindlich sind. Verschiedene Einweghandschuhe werden zusätzlich im Hause der Andrea W. gefunden. Die DNA-Analysen weisen auf mehrere

Personen. Dennoch gilt für das Gericht die Täterschaft von W. als erwiesen. In einer aufgefundenen Plastiktüte befinden sich zwei Zigarettenschachteln, beide von der Sorte, die Harry W. rauchte. Die eine Schachtel ist mit einem Kreuz gekennzeichnet und enthält mehrere Tütchen einer Droge.

Das Gericht schließt ohne weitere Überprüfung daraus, dass natürlich der Täter diese Drogen mitgebracht habe, um sie seiner geschiedenen Frau unterzuschieben. Damit hätte er dann Erfolg in dem kommenden Sorgerechtsstreit, wo es um den gemeinsamen Sohn geht.

Diese Indizien sind die einzigen Grundlagen, auf die sich das Strafgericht bei seinem Urteil stützt. Wie sich später herausstellt, war Frau W. drogensüchtig, was ein offenes Geheimnis in der Polizeidienststelle Pforzheim war. Zur Unterscheidung verwahrte sie diese Drogen in der Zigarettenschachtel, die mit einem Kreuz versehen war.

Die Ehefrau des Geliebten hat als Zeugin den dauernden Aufenthalt ihres Mannes in der Tatnacht im Schlafzimmer bestätigt. Nach nur drei Tagen ist die Beweisaufnahme beendet. Das Opfer, die Frau, lebt noch, ist aber geistig so schwer geschädigt, dass sie sich nicht mehr äußern kann. Harry W. wird wegen versuchten Totschlags zu elf Jahren Freiheitsentzug verurteilt. In der Urteilsbegründung führt das Strafgericht aus, der Angeklagte sei mit einem Schlüssel in die Wohnung von Frau W. gelangt. Als er seine geschiedene Frau antraf, sei es zum Streit gekommen. (Wie sich später herausstellt, eine reine Erfindung.) Der Angeklagte wollte nach Auffassung des Gerichts die Frau töten. Die Einweghandschuhe und die beiden Zigarettenschachteln sprächen zusätzlich für die eindeutige Schuld des Angeklagten. Die einzige Chance sieht Harry W. jetzt in der eingelegten Revision zum Bundesgerichtshof (BGH). Eine Berufungsmöglichkeit gibt es in diesem Verfahren nicht. Der BGH lehnt den Revisionsantrag ohne nähere Begründung ab.

Dennoch erfährt Harry W., vom Gericht und dem Schwiegervater schwer beschuldigt, wenn auch erst nach zwei Jahren, einen unerwarteten Glücksfall. Im Oktober 1999 wird der verurteilte Harry W. von seinem ehemaligen Schwiegervater, dem Vater von Andra W., auf Schmerzensgeld in Höhe von 300.000 Euro verklagt. Denn der Vater des geschädigten Opfers wird seine Tochter ein Leben lang pflegen müssen, da eine Heilung aussichtslos ist. Harry W., rechtskräftig verurteilter Straftäter, sieht diesem Zivilverfahren mit gemischten Gefühlen entgegen.

Aber es kommt anders als erwartet. Denn die Richter dieses Verfahrens beschäftigen sich – dies hatte Harry W. wirklich nicht erwartet – im Gegensatz zur früheren Strafkammer sehr sorgfältig mit dem Sachverhalt und entdecken schwere Fehler der ermittelnden Polizei in Pforzheim. Am Ende sieht das Zivilgericht keine Anspruchsgrundlage für die eingereichte Schmerzensgeldklage. Für das Gericht gibt es keinerlei Anhaltspunkte, dass Harry W. die Tat begangen haben könnte. Alle aufgeführten Indizien sind nicht haltbar. Die Klage wird abgewiesen.

Wenn Harry W. nun glaubt, er komme frei und werde entlassen, irrt er sich gewaltig. Stattdessen bleibt er weiterhin in Haft, denn das abweisende Zivilurteil ist kein Freispruch im Sinne des Strafrechts. Aber W. hat nun wenigstens eine Chance, das rechtskräftige Urteil des Strafgerichts nach den Regeln der deutschen Strafprozessordnung anzufechten. Ihm steht jetzt die Wiederaufnahme des Verfahrens zur

Verfügung, die der Gesetzgeber nach den Vorschriften der §§ 359ff der Strafprozessordnung scheinbar großzügig gewährt. Aber selbst diese einzige Vorschrift greift nicht, weil im Sinne von § 359 Nr. 4 StPO kein zivilgerichtliches Urteil vorlag, auf das sich das Strafurteil gründete. Das klageabweisende Zivilurteil habe lediglich festgestellt, dass eine Täterschaft des beklagten Harry W. ausscheidet.

Das deutsche Wiederaufnahmeverfahren in der Strafprozessordnung ist im Grunde genommen so verkümmert, dass es letztlich praktisch ein totes Recht ist. Der Grund hierfür ist leicht zu finden. Als im 19. Jahrhundert die Strafprozessordnung geschaffen wurde, ging man zwar davon aus, dass theoretisch eine Fehlentscheidung vorkommen könnte. Aber diese Möglichkeit wurde als so gering erachtet, dass man einen effektiveren Rechtsbehelf nicht für notwendig hielt. Und das Interesse der heutigen Justiz an einem nochmaligen Verfahren ist ebenfalls mehr als gering, ein abgeschlossenes Strafverfahren erneut zu überprüfen.

Es sind zwar eine Reihe von Wideraufnahmeverfahren im Laufe der Zeit erfolgreich durchgeführt und abgeschlossen worden. Dabei muss man aber zur Ehrenrettung der Anwaltschaft sagen, diese Wiederaufnahmeverfahren hatten ausschließlich Erfolg, weil diese Strafverteidiger zum einen Spezialisten waren, andererseits für ihre Mandanten gegen die Verfahrensordnung und letztlich gegen die Justiz mit allen zulässigen Mitteln kämpfen mussten, um ihren Mandanten zu dem ihnen zustehenden Recht zu verhalfen.

Dennoch sind die Widerstände, die unmittelbar aus der Justiz kommen, auch heute noch unübersehbar. Denn es kann für einen deutschen Strafrichter einfach kein Fehlurteil geben und ein anderer Strafrichter, der über die Einleitung eines erneuten Verfahrens entscheiden müsste, kann und wird sich nicht bereitfinden, „das eigene Nest zu beschmutzen".

In einem spektakulären Münchner Strafverfahren Anfang der 60er Jahre, über das noch zu sprechen sein wird, hat der Vorsitzende des damaligen Münchner Schwurgerichts es so weit gebracht, dass er eine Reihe von Kollegen, die über das Wiederaufnahmeverfahren zu entscheiden hatten, förmlich beschwor, auf gar keinen Fall dem Antrag auf ein Wiederaufnahmeverfahren statt zu geben.

In dem Zivilrechtsstreit gegen Harry W. legt sein Schwiegervater Berufung zum Oberlandesgericht Karlsruhe ein. Dieses Gericht hatte offensichtlich auch derart erhebliche Zweifel an der Schuld des Beklagten Harry W., dass es die vorläufige Freilassung des Harry W. anordnete. Nach vier Jahren und sieben

Monaten Gefängnishaft ist Harry W. im November 2001 endlich wieder in Freiheit. Einen neuen Arbeitsplatz findet er nicht. Auch in dem angestrengten Sorgerechtsstreit um seinen Sohn bleibt er erfolglos, obwohl die Mutter doch selbst ein Pflegefall ist. Nach vier Jahren mühsamster Versuche, das rechtskräftige Strafurteil aufzuheben, beginnt endlich im Mai 2005 das lang ersehnte Wiederaufnahmeverfahren in der Strafsache Harry W. Sieben Jahre nach seiner Verurteilung soll jetzt ein anderes Gericht mit einem anderen Staatsanwalt über seinen Wiederaufnahmeantrag entscheiden.

Allerdings ist die Justiz, trotz des Wechsels in der Staatsanwaltschaft, bestrebt, dass Harry W. auf jeden Fall wieder verurteilt wird. Denn die deutsche Justiz hat keinerlei Interesse daran, dass ein vermeintlicher Täter freikommt. Die deutsche Justiz irrt sich bekanntlich nicht. Der Staatsanwalt ist zwar ein anderer als sein früherer Kollege, was ihn allerdings nicht daran hindert, an den zum Teil unsachlichen Erkenntnissen seines Vorgängers eisern festzuhalten. Er erklärt, ein hinreichender Tatverdacht gegen Harry W. bestehe nach wie vor.

Im Wiederaufnahmeverfahren ereignen sich merkwürdige Dinge, die entweder die Schlampigkeit der deutschen Ermittlungsbehörden demonstrieren oder sogar etwas vertuscht werden sollte. Plötzlich sind nämlich bedeutsame Asservate, also wichtige Gegenstände, die für eine Gerichtsverhandlung als Beweismittel in amtliche Verwahrung gegeben wurden, erneut verschwunden. Viele sprechen sogar offen von bewusster Manipulation der Justizbehörden. Das erkennende Gericht gibt sich wirklich große Mühe, die Wahrheit ans Licht zu bringen. Es spricht den Angeklagten nach zweiundzwanzig Verhandlungstagen frei, allerdings aus Mangel an Beweisen, weil es, im Gegensatz zu dem oben angeführten Zivilgericht, nach wie vor der Auffassung ist, dass Harry W. der Täter sein könnte. Die Staatsanwaltschaft ist natürlich von der Schuld des Harry W. auch weiterhin fest überzeugt und legt Revision zum Bundesgerichtshof ein. Der Bundesgerichtshof hebt das freisprechende Urteil auf und weist den Fall zur erneuten Verhandlung an das Landgericht Mannheim zurück. In seiner Urteilsbegründung hat das oberste deutsche Gericht, und dies ist ein besonderer Skandal, genauestens vorgegeben, wie Harry W. auf jeden Fall, diesmal endgültig, verurteilt werden kann. Harry W. muss sich auf eine lange Prozessdauer einrichten. Im April 2009 wird das Wiederaufnahmeverfahren vor dem Landgericht Mannheim, allerdings jetzt bei einer anderen Kammer des Landgerichts, fortgesetzt. Siebenundzwanzig Verhandlungstage sind angesetzt. Die Staatsanwaltschaft geht auf Grund der Beurteilung des Bundesgerichtshofes davon aus, dass es auf jeden Fall zu einer Verurteilung kommen wird, nachdem nach Meinung des BGH erhebliche Mängel am freisprechenden Urteil des LG Mannheim bestünden. Die neue Strafkammer des Landgerichts Mannheim untersucht aber nun endlich sehr gründlich und sorgfältig die gesamte Sachlage und stellt vor allem auch Fragen an die Ermittlungsbehörde. Das Gericht ordnet an, dass die seit 1998 vorliegenden Indizien neu geprüft werden. Auch die Handschuhe werden erneut begutachtet, wobei eine DNA-Analyse Harry W. entlastet. Ebenso wird die am Tatort gefundene Plastiktüte nicht mehr als belastendes Beweisstück angesehen. Und insbesondere geht das Gericht nunmehr endlich davon aus, dass die Tat durchaus auch ein anderer Täter begangen haben könnte. Dabei vermuten die Richter immer mehr, dass der frühere Geliebte der Andrea W. eventuell der Täter war. In diesem Zusammenhang werden gezielte Fragen gestellt und diesmal auch sorgfältiger geprüft und beantwortet. Es stellt sich heraus, dass die Ehe des Geliebten großen Erschwernissen ausgesetzt war. Dabei kommt ans Licht, dass dessen Ehefrau von dem Verhältnis ihres Mannes mit Andrea W. wusste. Sie soll deswegen mit der Scheidung gedroht haben. Der Geliebte der Andrea W. wäre bei einer Scheidung nicht nur erheblichen finanziellen Belastungen ausgesetzt gewesen. Er hätte auch damit rechnen müssen, das Sorgerecht für seine beiden Kinder zu verlieren. Es ist daher nicht ausgeschlossen, dass der Geliebte womöglich auch von Andrea W., dem Opfer, unter Druck gesetzt worden ist, sich doch nun endlich für eine der beiden Frauen zu entscheiden.

Die Ehefrau des Geliebten, zwischenzeitlich von ihrem Mann geschieden, hat im Prozess vor dem Landgericht Mannheim ausgesagt, dass immer wieder unkontrollierte Gewaltexzesse ihres Mannes auftraten, vor allem in der Zeit, als die Straftat an Andrea W. begangen wurde. Und trotzdem bleibt sie bei ihrer einmal gemachten Aussage, dass ihr Mann zur Tatzeit das eheliche Schlafzimmer nicht verlassen habe. Dabei wird aber jetzt auch bekannt, dass die Ehefrau des Geliebten auf einem Ohr so gut wie taub war und insoweit als erheblich gehörgeschädigt anzusehen war. Ein Entfernen ihres Ehemannes aus dem Schlafzimmer hätte daher durchaus unbemerkt erfolgen können.

Dies sind aber nicht die einzigen Neuigkeiten in diesem Wiederaufnahmeverfahren. Ein Polizeibeamter der Inspektion in Pforzheim gibt nunmehr zu Protokoll, dass er am Morgen nach der Tat bei den Ermittlungen anwesend war und dabei auf dem Wagen des Geliebten doch noch eine Restwärme festgestellt habe. Er habe darüber auch einen schriftlichen Vermerk angefertigt, der jedoch nicht in die Hauptakte aufgenommen wurde, offensichtlich also auch verschwunden (oder entfernt worden) ist. Nachdem sich auf dem fraglichen Fahrzeug nicht einmal Tau befand, hätte man zwingend davon ausgehen müssen, dass es in der Tatnacht auf jeden Fall bewegt worden war. Die Polizei in Pforzheim gerät immer mehr ins Zwielicht, aber auch die Staatsanwaltschaft selbst müsste sich eigentlich fragen, ob sie bei den Ermittlungen gegen Harry W. nicht nur die belastenden Aspekte, sondern auch die entlastenden Gesichtspunkte sorgfältiger hätte überprüfen müssen, wozu sie eigentlich nach der Strafprozessordnung (StPO) ausdrücklich verpflichtet gewesen wäre. Die Polizeidienststelle Pforzheim hätte in diesem Strafrechtsfall überhaupt nicht ermitteln dürfen, nachdem das Opfer und ein möglicher Täter dort tätig waren. Die Staatsanwaltschaft und auch das verhandelnde Schwurgericht hätten bei der Ermittlungsbehörde nachfragen müssen, ob es vielleicht neben der Hauptakte noch weitere Akten oder zusätzliche Informationen gäbe. Spätestens dann wäre sie auf den schriftlichen Vermerk des Polizeibeamten gestoßen, dass das Auto des Geliebten in der Tatnacht auf jeden Fall gefahren worden sein muss.

Die Staatsanwaltschaft ist dennoch in der üblichen Weise über jeden Zweifel erhaben. In ihrem Antrag kommt sie erneut zu dem Ergebnis, dass der angeklagte Harry W. trotz aller Ergebnisse in der erneuten Verhandlung zu einer Gefängnisstrafe von neun Jahren zu verurteilen sei. Entgegen der Auffassung der Staatsanwaltschaft verkündet die Strafkammer des Landgerichts Mannheim am 22.Oktober 2009 nach einer sechsmonatigen Verhandlungsdauer und einer äußerst sorgfältigen Prüfung aller Fakten das Urteil: Freispruch. Die Richter kommen zu dem Ergebnis, Harry W. hätte niemals verurteilt werden dürfen. Selbst dieses Urteil überzeugt die Staatsanwaltschaft in keiner Weise. Sie legt Revision zum Bundesgerichtshof ein. Der BGH entscheidet in diesem Fall das dritte Mal und gelangt dabei am 15.12.

2010 zu einem endgültigen Freispruch. Harry W. musste vierzehn (!) Jahre auf dieses Urteil warten.

Mit dieser Entscheidung ist aber für ihn das entstandene Unglück noch lange nicht beendet. Im folgenden Jahr 2011 möchte er seine Entschädigungsansprüche gegen den Staat, das Land Baden-Württemberg, das ihm zu Unrecht vierzehn Jahre seiner Freiheit geraubt hatte, geltend machen. Nach dem Haftentschädigungsgesetz stehen ihm für jeden Tag seines Gefängnisaufenthaltes 25 (in Worten: fünfundzwanzig) Euro zu. Bei der Entscheidung über die auszuzahlende Entschädigung geht der „deutsche Rechtsstaat" in seiner Dreistigkeit soweit, dass er tatsächlich allen Ernstes argumentiert, Harry W. habe schließlich 14 Jahre auf Kosten des Staates gelebt. Deswegen müsse er für Kost und Logis während des Gefängnisaufenthalts 11.000 (in Worten: elftausend) Euro an den Staat bezahlen. Dieses staatliche Verlangen mit der Gegenrechnung ist so, als wenn ein korrupter Hotelier seinen Gast im Keller gefangen hält und nach dessen Befreiung noch für Kost und Logis die üblichen Hotelkosten zu verlangen versucht.

Die Zahlung lehnt W. verständlicherweise ab und klagt vier Jahre später auf eine angemessene Entschädigung. Eine Einigung zwischen ihm und dem Land Baden-Württemberg in Höhe von

450.000 Euro kommt schließlich (ohne Zahlung für Kost und Logis) zustande. Harry W. muss davon sofort 190.000 Euro an den Staat zurückzahlen, weil die Entschädigungssumme voll zu versteuern ist und sich der „deutsche Rechtsstaat" auch an dem von ihm selbst verschuldeten Unglück eines Staatsbürgers bereichern muss.

Harry W. lebt heute noch wegen der hohen Anwaltskosten und der Tatsache, dass er keine Verdienstmöglichkeit hatte, mit hohen Schulden und erhält eine Erwerbsunfähigkeitsrente unter dem Existenzminimum. Arbeiten kann er nicht mehr, seine Gesundheit ist sowohl in physischer als auch psychischer Hinsicht völlig zerstört. Das Land Baden-Württemberg, dem er seinen jetzigen Zustand zu verdanken hat, geht nach Abschluss dieses Falles einfach zur Tagesordnung über. Die Art und Weise, wie sich die deutsche Justiz gegenüber Harry W. verhalten hat, muss man, auch bei größtem Wohlwollen, als einen sehr schwerwiegenden rechtsstaatlichen Verstoß, d. h. im Grunde genommen als einen Skandal bezeichnen.

3. Nachlässig ermittelter Sachverhalt

Wie nachlässig teilweise bundesdeutsche Ermittlungsbehörden mit ihrer gesetzlichen Verpflichtung umgehen, zeigt der folgende Fall.

Im Jahr 2001 vergewaltigt angeblich ein 43-jähriger völlig unbescholtener Sportlehrer seine 13 Jahre jüngere Kollegin während einer Schulpause auf besonders brutale und perverse Art und Weise. Als die Lehrerin zwei Tage später in einer routinemäßigen medizinischen Überprüfung untersucht wird, erzählt sie der Amtsärztin nichts von der Vergewaltigung. Die Ärztin kann auch keinerlei Anzeichen für eine solche Tat feststellen. Eine Woche später stellt die Lehrerin gegen ihren Kollegen Strafantrag wegen Vergewaltigung, wobei ihre Frauenärztin alte Kratzwunden und Blutergüsse bei ihr feststellt, jedoch keinerlei Verletzungen im Intimbereich. Horst A. wird sofort verhaftet und kommt in Untersuchungshaft. In der kurz darauf stattfindenden Strafverhandlung berichtet die junge Lehrerin weinend von der brutalen Vergewaltigung und wiederholt ihre polizeiliche Aussage. Horst A. bestreitet ganz entschieden die ihm vorgeworfene Tat. Im Juni 2002 verurteilt das Landgericht Darmstadt den verstockten und nicht reumütigen Angeklagten wegen Vergewaltigung in Tateinheit mit Körperverletzung und Nötigung zu fünf Jahren Freiheitsstrafe. Das Gericht stützt sich bei seiner Entscheidung ausschließlich auf die Aussage der Lehrerin. Vergünstigungen in der Strafanstalt und eine vorzeitige Entlassung erhält der verurteilte Lehrer nicht, da er nach wie vor vehement die ihm vorgeworfene Tat leugnet. Die erfolgte Verurteilung des Lehrers ist nach Auffassung der staatlichen Behörde auch ein zwingender Grund, ihn wie üblich sofort aus dem Beamtenverhältnis zu entlassen. Nach der Haftentlassung findet er keine Anstellung, auch nicht außerhalb des Schuldienstes. Denn wer möchte schon einen Vergewaltiger einstellen. Sein Haus muss er verkaufen, seine Verwandten und Freunde wollen von ihm nichts mehr wissen, so dass er lediglich Unterschlupf bei seinen Eltern findet.

Eine Frauenbeauftragte begleitet die Anklägerin während des Prozesses und hält den Kontakt zu dem Opfer auch weiterhin noch aufrecht. Dabei entstehen bei ihr immer größere Zweifel über die Glaubwürdigkeit der Lehrerin, die immer wieder Geschichten von Überfällen und Angriffen von anderen Leuten auf sie erzählt, die völlig unrealistisch erscheinen. Anja K., die Frauenbeauftragte, wendet sich daraufhin an ihren Bruder, einen Berliner Anwalt, der sich hauptsächlich mit Zivilstreitigkeiten beschäftigt. Dieser beginnt daraufhin mit Ermittlungen gegen die Lehrerin, wobei ihm sofort auffällt, dass diese sehr häufig die Schulen, wo sie angestellt war, wechselte. In den früheren Schulen war sie bekannt als notorische Lügnerin, die fortwährend Märchen erzählt.

Im Jahr 2011 erreicht dieser Anwalt eine Wiederaufnahme des Verfahrens gegen den Lehrer, wobei das Gericht nunmehr nach kurzer Zeit zu dem Ergebnis gelangt, dass die Belastungszeugin immer wieder Unwahrheiten behauptet. Das Landgericht Kassel spricht daraufhin den Lehrer Horst A. von dem Vorwurf der Vergewaltigung frei.

Das Leben des angeblich kriminellen Lehrers wurde restlos zerstört, sowohl beruflich, wirtschaftlich als auch seelisch. Die Gefängnisstrafe hatte er voll abgesessen, ein Anspruch auf Haftentschädigung wurde abgelehnt, die Wiedereinstellung als Lehrer wurde ihm verweigert. Ein Jahr nach dem Freispruch erliegt der Lehrer einem Herzversagen.

Das krasse Fehlurteil des Landgerichts Darmstadt hätte ohne weiteres vermieden werden können, wenn sich das anfängliche erkennende Gericht nur halbwegs ausreichend mit der Glaubwürdigkeit der Belastungszeugin auseinandergesetzt hätte. Der „deutsche Rechtsstaat" hat damit das Leben eines völlig Unschuldigen sinnlos und auf grausamste Weise zerstört, weil die Justiz die Mindestanforderungen eines ordnungsgemäßen Strafverfahrens nicht beachten wollte.

4. Frei erfundener Sachverhalt

Manche Strafgerichte gehen so weit, dass sie Sachverhalte erfinden, die sich weder aus Zeugenaussagen noch aus sonstigen Indizien in irgendeiner Weise ergeben könnten. Dies zeigt folgender Strafrechtsfall.

Der Landwirt Rudolf R. wird im Jahr 2003 von seiner Familie angeblich ermordet. Sein zukünftiger Schwiegersohn Matthias E. habe dem ahnungslosen Opfer im Treppenhaus aufgelauert und ihn mit einem schweren Holzstück ins Genick geschlagen. Die gesamte Familie, Ehefrau und die beiden Töchter haben bei dieser Tat mitgeholfen, weil das Opfer noch lebte. Alle schlugen und traten auf den wehrlosen Bauern ein und schleppten ihn in den Keller, wo ihn Matthias E. mit einem Zimmererhammer tödlich verletzte. Dieser Matthias E. zerlegte zusammen mit der Ehefrau des Ermordeten in der Waschküche im Keller den Leichnam des Opfers, trennte Arme und Beine vom Körper und entnahm auch Organe. Das Blut wurde in einem Eimer aufgefangen. Anschließend wurden mit den zerstückelten Leichenteilen die drei Hunde auf dem Bauernhof gefüttert. Der Kopf des Opfers wurde abgetrennt, gekocht und in einem Misthaufen vergraben. Der Mercedes des ermordeten Landwirts wurde einem Altwarenhändler übergeben, der ihn verschrottete. Dieser Tathergang ist nach Auffassung der Staatsanwaltschaft Ingolstadt in der geschilderten Art erfolgt, wie viele Straftaten in den Strafprozessen üblicherweise geschildert werden.

Tatsächlich verlässt der Landwirt Rudolf R. im Oktober 2001 in betrunkenem Zustand ein Wirtshaus und ist seitdem spurlos verschwunden. Der Staatsanwalt ist der Auffassung, das Opfer sei auf jeden Fall zu Hause angekommen. Für das Verschwinden könne daher nur die Familie verantwortlich gemacht werden. Die Familienangehörigen einschließlich des Schwiegersohnes in spe sowie auch die Nachbarn werden eingehend befragt. Dabei stellt sich heraus, dass der Landwirt ein ziemlicher Tyrann gewesen ist, der über seine ganze Familie herrschte. Auch der zukünftige Schwiegersohn fürchtete, von dem Hofbesitzer als Familienmitglied nicht akzeptiert zu werden. Die Ehe war schon längst zerrüttet, die gesamte Familie lebte vom Verkauf der Immobilien, was der Landwirt zu verhindern versuchte. Weil die beiden Töchter vom Vater mehrfach sexuell missbraucht wurden, musste die Familie nach Auffassung der Ingolstädter Staatsanwaltschaft verdächtig sein, den Hofbesitzer beseitigt zu haben. Die gesamte Familie und der zukünftige Schwiegersohn werden festgenommen. Das landwirtschaftliche Anwesen wird gründlich, aber erfolglos durchsucht. Die verhafteten Beschuldigten, alle nicht sehr intelligent und ohne anwaltlichen Beistand, gestehen auf offensichtlich starken Druck der Ermittlungsbehörde die beschriebene Straftat, so dass Anklage erhoben wird. Im

Strafverfahren vor dem Landgericht im Jahr 2004 widerrufen jedoch alle Angeklagten ihre Geständnisse, die ganz offensichtlich unter psychischer Einwirkung der Ermittlungsbeamten entstanden sind. Der Schrotthändler, dem der PKW des Landwirts verkauft wurde, erklärt später sogar, ihm sei von einem Ermittlungsbeamten eine Pistole an den Kopf gehalten worden, damit er endlich den vorgeworfenen Sachverhalt, den Kauf des Mercedes, bestätige. Einige Medien gehen schon damals davon aus, dass diese Schauergeschichte von den Ermittlungsbeamten erfunden wurde.

Das Landgericht Ingolstadt ist jedoch ganz von der Schwere der brutalen Tat überzeugt. Es verurteilt im Jahr 2005 alle Angeklagten aufgrund eines Vorwurfs, der sich lediglich auf die Aussagen der Ermittler stützt, zu hohen Freiheitsstrafen. Die Ehefrau und der Schwiegersohn werden zu jeweils 8 Jahren und 6 Monaten, die eine der Töchter zu 3 Jahren und 6 Monaten, die andere zu 2 Jahren und 6 Monaten verurteilt. Die Revision lehnt der Bundesgerichtshof selbstverständlich ab.

Am 13. März 2009 wird aus der Donau ein Mercedes geborgen, an dessen Steuer ein Mann sitzt, dessen Leiche sich später als die des ermordeten Landwirts herausstellt, allerdings ohne irgendwelche Fremdeinwirkungen: der Verunglückte musste offensichtlich, vermutlich im angetrunkenen Zustand, in den Fluss gefahren sein.

Das Landgericht Landshut sieht keine Veranlassung, einem Antrag auf Wiederaufnahme des Verfahrens stattzugeben. Stattdessen hält es das erlassene Urteil für absolut richtig, obwohl sich nunmehr die Geständnisse vor der Polizei als falsch erwiesen und das Strafurteil sich auf die vor Gericht widerrufenen Geständnisse nicht stützen durfte. Erst als das Oberlandesgericht eine erneute Verhandlung zulässt, werden vom Landgericht Landshut alle Angeklagten freigesprochen.

Dieses krasse Fehlurteil des Landgerichts (LG) Ingolstadt und das unmögliche Verhalten des Gerichts sind dadurch in besonderem

Maße bemerkenswert, dass fast der gesamte Sachverhalt von der Justiz frei erfunden war. Ein derartig krasses Fehlurteil hätte eigentlich niemals entstehen dürfen. Nach Auffassung der Kommentare zur Strafprozessordnung könne lediglich ein vor Gericht abgegebenes Geständnis eine Verurteilung stützen, nicht jedoch eine vor Ermittlungsbeamten gemachte Aussage. Der „deutsche Rechtsstaat" gibt sich zwar gesetzliche Verfahrensregeln, nur hält sich die Justiz häufig nicht daran, weil es offensichtlich wichtiger ist, eine Verurteilung zu ermöglichen, als sich an die Fakten und an die Wahrheit zu halten.

5. Von Medien geförderte Fehlentscheidungen

In manchen Strafrechtsfällen sind auch die Medien, die dringend Stoff für ihre Leserschaft benötigen, nicht ganz unschuldig. Denn sie erfinden häufig aus reiner Sensationsgier Sachverhalte, um ihre Leser mit besonders schaurigen Geschichten zu ködern. Dies geschieht vor allem dann, wenn es sich auch noch um eine in der Öffentlichkeit bekannte Persönlichkeit handelt.

Der geschilderte Fall wird **so** genannt, weil zuallererst die Medien dem Opfer, einem im Fernsehen bekannten Journalisten, alles Mögliche andichteten und ihn in Bausch und Bogen verurteilten. Das Gericht hat sich dann dieser Auffassung ohne nähere Überprüfung bedingungslos angeschlossen, so dass es zu einem folgenschweren Verfahren kam.

Ein bekannter Fernsehmoderator wurde von seiner Freundin, mit der er schon längere Zeit zusammengelebt hatte, der Vergewaltigung bezichtigt. Als er von einer längeren beruflichen Auslandsreise nach Deutschland zurückkehrte, wurde er am Flughafen sofort verhaftet. Die Mannheimer Staatsanwaltschaft eröffnete ein Ermittlungs-verfahren. Der Moderator wurde wegen brutaler Vergewaltigung angeklagt. Obwohl er seinen Wohnsitz in

Deutschland hatte und ihn als bekannten Journalisten und Moderator in Wetteranalysen jeder in Deutschland kannte, wurde er nach seiner Rückkehr von den Olympischen Spielen in Kanada werbewirksam sofort auf dem Flughafen festgenommen. Schon vor Prozessbeginn galt er als Schuldiger, auch und vor allem in der Presse. Diese berichtet beispielsweise, dass er bei der Vergewaltigung als Tatwaffe ein Messer benutzt habe. Gerade die Presse, die sich gerne als vierte Gewalt bezeichnen lässt, deren Aufgabe es doch sein sollte, objektiv und unvoreingenommen von jedem Sachverhalt zu berichten, erging sich in wüsten Fantasien. Die Zeitschrift „Focus" fand sogar Indizien für die vorgenommene Vergewaltigung im Bad des Angeklagten K. Gleichzeitig wurde ein detaillierter Lageplan des angeblichen Tatortes geliefert. Dass das private Leben des Angeklagten in den Medien ausführlich unter Verletzung der Privatsphäre zur Sprache kam, versteht sich dabei schon fast von selbst.

Im Strafverfahren vor dem Landgericht Mannheim verstrickte sich die Belastungszeugin, seine ehemalige Geliebte, in zahlreiche Widersprüche. Kein Rechtsmediziner bestätigte die Vergewaltigung. Dafür waren aber der Staatsanwalt und seine Kollegen von der Schuld des Angeklagten umso mehr überzeugt. Die Beweislage für einen Schuldspruch war äußerst dünn. Der Fernsehmoderator, mit festem Wohnsitz in Deutschland, war sofort verhaftet worden und saß seit dieser Zeit Haft. Im Mai 2011 musste er schließlich freigesprochen werden. Die Richter des Mannheimer Strafgerichts waren dennoch von seiner Schuld überzeugt, weshalb sie in der Urteilsbegründung ausdrücklich betonten, der Freispruch sei lediglich aus Mangel an Beweisen erfolgt. Die Bildzeitung, in solchen Situationen mit ihren Äußerungen besonders freigiebig, titelt groß: „Freispruch, Aber!" Die Mannheimer Staatsanwaltschaft, die sich aufgrund des Freispruchs offensichtlich in ihrer Berufsehre gekränkt fühlte, überbot sich noch, indem sie durch ihren Sprecher erklären ließ: „Das Gericht hat ganz klar betont, dass die Verteidigung alles erfunden hat, um den Angeklagten frei zu bekommen".

Es ist wohl nicht übertrieben, eine solche Presseerklärung einer deutschen Staatsanwaltschaft als ungeheuerlich zu bezeichnen. Um seine Unschuld öffentlich dokumentieren zu können, benötigte der verurteilte Fernsehjournalist zunächst neue Gerichtsentscheidungen. Er verklagte zivilrechtlich einige Medien, die nachweislich absolut falsch berichtet hatten. Sie behaupteten, der Moderator K. habe sechs Frauen gleichzeitig (!) ein Heiratsversprechen gegeben. Die verklagten Medien mussten ihm eine Rekordentschädigung von fast 400.000 Euro bezahlen.

Im Jahr 2016 klagte er dann endlich zivilrechtlich gegen seine ehemalige Geliebte Claudia D. Vordergründig wollte der Moderator eigentlich nur die Gutachterkosten erstattet haben, die er ohne Grund zahlen musste. In Wirklichkeit war er aber bestrebt, seinen guten Ruf wiederhergestellt zu wissen. Der Fall wurde in Frankfurt am Main von einem neuen Gericht noch einmal komplett aufgerollt. Und zwar mit einer umfangreichen Beweisaufnahme und der Einholung eines erneuten rechtsmedizinischen Gutachtens über die angebliche Vergewaltigung der Geliebten.

Im Herbst desselben Jahres verkündete das Frankfurter Gericht sein Urteil. Das Gericht wurde darin sehr deutlich. Es äußerte die Überzeugung, dass die Beklagte Claudia D. einerseits Herrn K. mit Vorsatz wahrheitswidrig der Vergewaltigung bezichtigt und sich andererseits die Verletzungen selbst zugefügt habe. Letzteres hatte der Gutachter eindeutig festgestellt.

Bei einem Mindestmaß an Gründlichkeit und Sorgfalt hätte schon das damalige Strafgericht zu dieser Feststellung gelangen können und müssen. Dies muss im Grunde genommen als schwerer Vorwurf für das Strafgericht und die Staatsanwaltschaft in Mannheim angesehen werden. Bemerkenswert und beschämend zugleich ist die Tatsache, dass eine Vielzahl von Medien bei spektakulären Strafverfahren, vor allem bei bekannten und berühmten Persönlichkeiten, immer in großer Anzahl die Gerichtssäle bevölkern, wenn es um eine mögliche Verurteilung geht. Bei der abschließenden Entscheidungsverkündung, dass sich nunmehr die Wahrheit herausgestellt hat und der (angebliche) Täter unschuldig ist, reduziert sich das mediale Interesse auf null. Von der Presse ist dann kaum jemand anwesend, wenige berichten darüber, da mit solchen Mitteilungen keine Sensationslust der Öffentlichkeit befriedigt werden kann.

Der Moderator K. ging nun auch gegen die Verleumderin strafrechtlich vor. Er erhob Strafanzeige gegen seine ehemalige Geliebte wegen vorsätzlicher Freiheitsberaubung. Die Staatsanwaltschaft Mannheim, die wiederum zuständig war, stellte die Ermittlungen bereits nach kurzer Zeit ein. Auf die eingelegte Beschwerde des Fernsehmoderators kam es nunmehr aber dennoch zu einer aufsehenerregenden Gerichtsverhandlung, die in der deutschen Justiz nicht nur einmalig ist, sondern auch demonstriert, wie es mittlerweile um die deutsche Justiz bestellt ist.

Die Staatsanwaltschaft in Mannheim hatte nach dem Freispruch des Moderators K. auf eine Presseanfrage erklären lassen, dass an dem Griff des Messers, mit dem K. angeblich seine Geliebte verletzt haben soll, DNA-Spuren von einer männlichen Person festgestellt worden seien. Dies sollte wohl auf eine mögliche Täterschaft des Moderators hinweisen. Dabei hatte sich aber bereits bei den Ermittlungen herausgestellt, dass dieser Verdacht unbegründet war. Das Gericht hatte festgestellt, dass dies von der Geliebten als Beweismittel eingeführte Messer keinerlei DNA-Spuren des Herrn K. aufwies.

Nun musste K. auch noch die Staatsanwaltschaft in Mannheim, eine Justizbehörde, auf Unterlassung wegen wahrheitswidriger Behauptungen zivilrechtlich verklagen. Ein sicherlich nicht alltäglicher Vorgang im deutschen Justizwesen. Das Ergebnis der Gerichtsverhandlung war, dass sich die Staatsanwaltschaft Mannheim verpflichten musste, nie mehr die falsche Behauptung über die vermeintlichen DNA-Spuren zu wiederholen. Gleichzeitig musste die Staatsanwaltschaft eine Unterlassungserklärung unterzeichnen, d. h. sie durfte in Zukunft nicht mehr Lügen in der Öffentlichkeit verbreiten. Eine angesehene Gerichtsreporterin erklärte hierzu:

„Ich muss ehrlich sagen, mein Glaube an den Rechtsstaat ist sehr schwer angeknackst". Es müsse als unverständlich angesehen werden, wenn eine Staatsanwaltschaft, also ein Organ der Rechtspflege in der deutschen Justiz, per Gerichtsbeschluss erst gezwungen werden muss, in Zukunft wahrheitswidrige Behauptungen zu unterlassen.

Ein Rechtsanwalt, ebenso wie der Staatsanwalt und der Richter ein Organ der Rechtspflege, müsste bei einer solchen Straftat damit rechnen, dass er seine Zulassung zur Rechtsanwaltschaft endgültig verliert. Ein Staatsanwalt der deutschen Justiz darf aber in seinem Beruf ungehindert weitermachen und wird womöglich auch noch befördert. Ein im deutschen Rechtsleben wohl ungeheurer, aber leider auch üblicher Vorgang.

Kann die Justiz damit noch glaubwürdig sein?

6. Staatlich angeordnete Fehlentscheidung

Ein in den 60er-Jahren nicht minder spektakulärer Fall war das Strafverfahren gegen Vera Brühne und Johann Fehrbach, das von zahlreichen rechtswidrigen Verstößen durchsetzt war und bei dem der Staat wohl unmittelbar bei diesem Fehlurteil beteiligt war. Deshalb wird das Gerichtsverfahren so bezeichnet. Denn der Staat hat in erschreckender Weise gegen rechtsstaatliche Normen verstoßen und dabei nichts unternommen, um das geschehene Unrecht zu beseitigen.

Im April 1960 werden der Arzt Dr. Otto P. und seine Lebensgefährtin Elfriede K. im Haus des Arztes in Pöcking am Starnberger See tot aufgefunden. Die Sprechstundenhilfe, Frau Renate M., kommt vorbei und ist mit ihrem Freund die erste, die am Tatort eintrifft. Die Münchner Polizei übernimmt die Ermittlungen und geht sehr rasch davon aus, dass es sich offensichtlich um einen Doppelselbstmord handelt. Dr. P. habe zuerst seine Lebensgefährtin und dann anschließend sich selbst erschossen. Der

Doppelselbstmord gilt als unzweifelhaft, obwohl es Hinweise oder Anhaltspunkte für diese Annahme nicht gibt. Ein ordnungsgemäßes Ermittlungsverfahren mit Feststellung aller Hinweise am Tatort wird von der Ermittlungsbehörde nicht durchgeführt. Der Zustand der beiden Leichen lässt die Polizei ohne nähere Begründung zu dem Schluss gelangen, dass der Tod der beiden zwischen dem 15. und 17. April 1960 eingetreten sein muss. Eine Obduktion der beiden Leichen durchzuführen, erscheint der ermittelnden Polizei und der Staatsanwaltschaft nicht notwendig. Mit Einverständnis des Sohnes von Dr. Otto P. werden die beiden Leichen bestattet. Der Fall scheint damit abgeschlossen.

Einige Monate später erfolgt eine Testamentseröffnung mit einer letztwilligen Verfügung des Dr. Otto P. Danach soll eine bis zu diesem Zeitpunkt in der Öffentlichkeit unbekannte Person, eine Frau Brühne, eine Villa mit 10.000 qm großem Grundstück an der Costa Brava in Spanien erben. Dies veranlasst nun plötzlich den Sohn des Ermordeten, den gesetzlichen Erben Dr. Günter P., jetzt nicht mehr an einen Doppelselbstmord zu glauben. Denn damit würde er unter anderem auch den wertvollen Besitz in Spanien verlieren. Er erstattet daraufhin Strafanzeige wegen Doppelmordes gegen Unbekannt. Nachdem die beiden Leichen exhumiert wurden, stellt sich bei der Obduktion heraus, dass sich in dem Schädel von Otto P. zwei Einschüsse befinden, die damit eine Selbstmordtheorie ausschließen. Der Verdacht einer Mordtat fällt sofort auf die im Testament bedachte Vera Brühne. Die Staatsanwaltschaft ermittelt wegen des Verdachtes eines Doppelmordes gegen sie, begangen zusammen mit einem Johann Fehrbach, einem Bekannten, den sie aus den letzten Kriegstagen kennt. Bei diesem Ermittlungsverfahren, den andauernden Verhören, gerät Vera Brühne in Panik. Sie verwickelt sich auch wegen ihres Alibis in der Mordnacht immer wieder in Widersprüche.

Die Münchner Presse, allen voran die Zeitschriften „Stern" und die „Quick", eine frühere Boulevard-Zeitschrift in München, aber auch die übrigen Medien, konstruieren ein Verhältnis zwischen Fehrbach und Vera Brühne. Tatsache ist lediglich, dass sich die beiden kennen, seit der Maschinenschlosser Fehrbach Frau Brühne und ihre Tochter in den letzten Weltkriegstagen nach einem Bombenangriff aus den Trümmern retten konnte. Die Presse behauptet, umfangreiche Beweise zu besitzen, dass Fehrbach im Auftrag von Frau Brühne den Doppelmord in Pöcking begangen habe. Vera Brühne wird als eine infame Mörderin hingestellt, die erotisierend auf ihre Umgebung wirkt. Ihr ging es um nichts anderes als um Geld. Fred Irmgard, Journalist beim Stern, erklärt in aller Öffentlichkeit, er habe sämtliche Einzelheiten des Mordfalles erkundet. Es stehe fest, dass die beiden Angeschuldigten die Mordtat geplant und begangen haben. Außerdem habe Brühnes eigene Tochter dem Gerichtsreporter gestanden, dass ihre Mutter die Tat begangen habe.

Im Mai 1962 beginnt vor dem Schwurgericht im Münchner Justizpalast der Prozess. Die beiden Angeklagten sind von der Öffentlichkeit bereits längst verurteilt, nachdem die Presse doch angeblich alle Fakten über diesen Fall kennt und infolge sorgfältigster Recherchen alle Beweise für deren Schuld besitzt. Die Printmedien haben auch schon in aller Ausführlichkeit die Schuld nachgewiesen. Das Gericht hört eine Vielzahl von Zeugen, die zwar nichts gesehen haben, jedoch zahlreiche Indizien zulasten der Angeklagten liefern können. Außerdem habe die eigene Tochter ja bereits vor dem Gerichtsverfahren die Mordtat ihrer Mutter bekundet. Hinzukommt ein wichtiger Belastungszeuge. Ein Strafgefangener, der während der Untersuchungshaft ebenfalls in der Justizvollzugsanstalt Stadelheim einsaß, kann vor Gericht „bezeugen", Fehrbach habe ihm in einer schwachen Stunde die Mordtat gestanden. Damit steht fest, dass die beiden Angeklagten zu keinem Zeitpunkt auch nur den Hauch einer Chance hatten, ein faires Verfahren zu bekommen.

Am 4. Juni 1962 werden beide Angeklagten wegen gemeinschaftlich begangenen Mordes zu einer lebenslangen Zuchthausstrafe verurteilt. In diesem Strafprozess gegen Vera Brühne und Johann Fehrbach stehen deren Urteile schon auf Grund der allgemeinen

Meinung in der Öffentlichkeit bereits längst fest. Vom Gericht selbst, aber auch von der Staatsanwaltschaft wurden schwerwiegende Fehler begangen, die in einem Rechtsstaat eigentlich nicht vorkommen dürften:

1. Der Eintritt des Todes wurde seinerzeit von der Polizei auf den Zeitraum zwischen dem 15. und dem 17. April 1960 festgelegt aus Überlegungen, die nicht mehr nachvollziehbar waren. Für diesen Zeitraum hatten Vera Brühne und Johann Fehrbach ein einwandfreies Alibi. Sie konnten also zu dem genannten Zeitraum die Tat niemals begangen haben.

2. Das Münchner Schwurgericht verlegte daraufhin den Eintritt des Todeszeitpunktes unbegründet auf den 14. April 1960, 19.45 Uhr. Diesen Zeitpunkt nimmt das Schwurgericht ohne nähere Überprüfung und ohne ein Beweisgutachten an. Das Gericht hat ohne ein gerichtliches Gutachten aus der stehen gebliebenen Uhr des Dr. Otto P. diesen Zeitpunkt einfach unterstellt. Die Uhr des Opfers war offensichtlich beim Sturz beschädigt worden und zeigte 20.45 Uhr an. Die Polizei übergab bei der Ermittlung 1960 dem Sohn des Getöteten die beschädigte Uhr, die sich seit dieser Zeit im Besitz des Sohnes Dr. Günter P. befand. Aus diesem Grunde hätte sie niemals als Beweismittel vor Gericht zugelassen werden dürfen, ganz abgesehen davon, dass die Uhr in der Zwischenzeit auch hätte manipuliert worden sein können.

3. Darüber hinaus zeigte die beim Sturz beschädigte Uhr als Zeit 20.45 Uhr an, also gerade nicht 19.45 Uhr, wie das Gericht in seinem Urteil unterstellte.

4. Die Tochter Sylvia hatte vor Beginn des Prozesses dem Gerichtsreporter gegenüber erklärt, ihre Mutter habe ihr die Tat gestanden. Sie hatte später im Verfahren glaubhaft erklärt, sie habe dem Reporter dies gesagt, um sich in Szene zu setzen.

Im Verfahren vor Gericht hatte sie die ebenso unrichtige wie auch törichte Behauptung ausdrücklich widerrufen und als reine Gefälligkeit gegenüber dem Gerichtsreporter bezeichnet. In der Beweisaufnahme vor Gericht hätte die Tochter ein Zeugnisverweigerungsrecht gehabt, auf das der Vorsitzende (dies soll zu seinen Gunsten unterstellt werden) sie sicherlich hingewiesen hatte. Sie hat dennoch ausgesagt und erklärt, ihre (vorgerichtliche) Aussage sei unwahr. Sie habe dies lediglich gesagt, weil der Reporter sie fortwährend bedrängte, dies zu sagen. Sie hat also vor Gericht die vorher gemachte Aussage ausdrücklich richtiggestellt, d. h. widerrufen.

Das Gericht hätte beide Aussagen, gegenüber dem Journalisten und im Termin, sorgfältig überprüfen müssen, welche die richtige ist. Eine Aussage vor Gericht wiegt immer schwerer als eine Bekundung außerhalb des Gerichts. Sowohl im Verfahren selbst als auch in der Urteilsbegründung ist dies nicht geschehen. Alles andere ist verfahrensrechtlich unzulässig und damit für eine Entscheidung nicht verwertbar gewesen. Dennoch war für das Schwurgericht dieser Beweis der früheren Aussage allein ausschlaggebend.

5. Das Gericht stützte sich des Weiteren auf die Aussage des Strafgefangenen S., der während der Untersuchungshaft im selben Gefängnis wie Fehrbach einsaß. Diesen Mithäftling, einen amtsbekannten Polizeispitzel, hatte die Ermittlungsbehörde eigens (!) auf den Angeklagten angesetzt, um ihn auszuhorchen. Vor Gericht sagte S. unter Eid aus, er sei Weihnachten in der Zelle Fehrbachs gewesen, wobei dieser während des gemeinsamen Schachspiels den Mord gestanden habe. Er habe diese Aussage gemacht, als er die Kerzen an dem Tannenbäumchen in seiner Zelle anzündete.

Mit dem Ausdruck „Du Schwein" hat F. diese Behauptung im Gerichtssaal lautstark zurückgewiesen. Wie sich später herausstellte, hatte Fehrbach niemals ein Tannenbäumchen in seiner Zelle gehabt. Das Gericht glaubte aber dem Lügner uneingeschränkt. Dem Schwurgericht war außerdem bereits in diesem Verfahren bekannt, dass S. schon achtmal vorbestraft war, davon viermal wegen Betrugs.

Kurze Zeit nach dem Urteil des Münchner Schwurgerichts gegen Vera Brühne und Herrn Fehrbach wurde S. erneut straffällig. Dabei erklärte der nunmehrige gerichtliche Vorsitzende, „S. ist ein Hochstapler, ein für die Justiz gefährlicher Intelligenz-Verbrecher, mit einer für die Rechtsordnung gefährlichen Lust zum Lügen."

6. Dr. Otto P. verfügte über umfangreiche finanzielle Mittel, die ihm erlaubten, das große Grundstück in Spanien und das ebenso große Grundstück im Prominentenviertel am Starnberger See bei München sowie andere kostbare Wertgegenstände zu erwerben. Er fuhr (mit der Angeklagten B.) häufig nach Spanien und machte dann einen Abstecher nach Tanger, wobei niemand wusste, welche Geschäfte er in Tanger tätigte. Außerdem brachte er sein Geld, mit Sicherheit nicht kleine Beträge, immer in die Schweiz. Darüber zog das Gericht keinerlei Erkundigungen ein, da es sich für solche Tatsachen nicht interessierte.

7. Dr. Otto P. war ein fast überängstlicher Mensch, der sich überall vergewisserte, dass ihm niemand folge. Aus diesem Grunde führte er ständig einen geladenen Revolver mit sich. Auch diese Umstände waren für das Schwurgericht belanglos, weil es von vorneherein davon ausging, dass die Angeklagten schuldig sein mussten.

8. Ein weiteres ominöses Indiz gegen die Angeklagten war ein blauer Brief, den die Polizei in einer Schublade gefunden hatte. Dieses Schreiben, gerichtet an die Lebensgefährtin Elfriede K., nicht an Dr. Otto P., hatte der Sohn, Dr. Günter P., an sich genommen und später selbst in das Strafverfahren eingeführt. Dieser Brief stammte von einem Dr. Schmitz, den Fehrbach angeblich als Einlass bei Dr. Otto P. benutzt haben sollte, indem er sich als Dr. Schmitz ausgegeben habe. Wer sich eventuell wirklich hinter diesem „Dr. Schmitz" verbarg, wurde vom Gericht ebenfalls niemals überprüft. Die Schriftzüge in diesem Brief deuteten jedenfalls nicht auf den Angeklagten. Auch die Möglichkeit, dass dieser Brief eine Fälschung sein könnte, wurde niemals in Erwägung gezogen. Das Gericht hat einfach ohne jede besondere Prüfung unterstellt, dass Fehrbach diesen Brief am 14. April 1960 benutzt

habe, um in das Haus in Pöcking zu gelangen. Die beiden Angeklagten hatten somit von Anfang an keinerlei Chance, dass sich das Münchner Schwurgericht objektiv im Sinne der Strafprozessordnung mit ihnen befassen würde.

Wenn der Freiburger Forscher Volker Grundies im Münchner Merkur erklärte, im Landgericht München I werden die härtesten Strafurteile in der gesamten Bundesrepublik gefällt, so kann dem ohne Weiteres zugestimmt werden. Wenn aber ein Hans-Joachim Heßler, ein Münchner Strafrichter, Präsident des Bayerischen Obersten Landesgerichts, in derselben Zeitung sagt: „Wir sind besonders gründlich, das hat eine längere Tradition", dann klingt dies wie ein Hohn, wenn man an das geschilderte Urteil in diesem Strafverfahren, aber auch an andere Verfahren in München denkt. In späteren Untersuchungen hat sich dann schließlich herausgestellt, dass Dr. Otto P. zusammen mit seiner Lebensgefährtin eindeutig von anderen umgebracht wurde.

Weitere ominöse Sachverhalte im Zusammenhang mit diesem Strafverfahren stellten sich heraus:

1. Renate M., eine Sprechstundenhilfe, hatte vor Gericht ausgesagt, dass sich Dr. Otto P., ihr ehemaliger Chef in der Arztpraxis in München, unbedingt von Vera B. trennen wollte. Aus diesem Grunde habe er das Grundstück in Spanien, das er testamentarisch Frau B. vermacht habe, verkaufen wollen. (Auf die Idee, dass der Erblasser das Testament einfach hätte widerrufen können, kamen sämtliche Strafjuristen in München in diesem Verfahren offensichtlich nicht.) Im Jahr 1969 konfrontierte der Journalist Peter Anders, der den gesamten Prozess lange Jahre sehr sorgfältig überprüft hatte, Renate M. mit ihrer eigenen Aussage. Er erklärte ihr unumwunden, sie habe damals im Prozess eindeutig gelogen. Peter Anders konnte ihr dies auch nachweisen. Dr. Otto P. habe das Grundstück niemals verkaufen wollen. Ihre gerichtliche Aussage entbehre jegliche Grundlage. Daraufhin fiel Renate M. buchstäblich um und erklärte spontan, sie wolle ihre gerichtliche

Aussage widerrufen. Doch sie konnte diesen Widerruf nicht mehr erklären, weil sie am 31. Januar 1969 von ihrem Hausarzt Dr. Günter P., dem Sohn des ermordeten Dr. Otto P., ins Krankenhaus eingewiesen wurde. Dort ist sie noch in der Nacht zum 1. Februar verstorben. Eine Obduktion der Leiche fand nicht statt, da ihr Körper anschließend auf Veranlassung Ihres Hausarztes Dr. Günter P. sofort verbrannt wurde. Dem Journalisten Peter Anders gelang es später, Dr. Günter P. pikante Tatbestände in diesem Zusammenhang zu entlocken. Auf die Frage, wer denn der Hausarzt von Renate M. gewesen sei, erklärt dieser, bis zum Ableben von Frau M. sei er selber ihr Hausarzt gewesen. Auf die weitere Frage, woran sie denn so plötzlich so schwer erkrankt sei, räumte Dr. Günter P. unumwunden ein, Renate M. sei bis zu ihrem Tode „kerngesund gewesen".

2. Das Testament des Dr. Otto P., das schließlich der Auslöser und der hauptsächliche Belastungsgrund für das gesamte Strafverfahren gegen Vera B. und Johann F. war, stellte sich als zweifelhaft heraus. Diese letztwillige Verfügung war ab Satz 4 um vier Fünftel gekürzt, so dass damit die letztwillige Verfügung, die vermutlich vom Erblasser gekürzt wurde, nicht mehr die eindeutige Auffassung des Erblassers wiedergeben konnte. Aus diesem Grunde war das Testament insgesamt vermutlich unwirksam; zumindest hätte das Schwurgericht dies sorgfältig prüfen müssen. Damit wäre auch das Tatmotiv für die beiden Angeklagten vermutlich entfallen.

3. Im Jahr 1967 behauptet ein Roger H., ein Agent des Bundesnachrichtendienstes gewesen zu sein. Seine Aufgabe sei es gewesen, Bestechungsgelder von Rüstungskonzernen an deutsche Politiker und Verbindungsmänner wie Dr. Otto P. zu überbringen. Anfang der 60er-Jahre habe er diese Tätigkeit beendet. Dr. Otto P. habe seit längerer Zeit für den Bundesnachrichtendienst gearbeitet. Roger H. habe im Auftrag seiner Auftraggeber in Paris an Dr. Otto P. in Abständen insgesamt

ca. 300.000 DM übergeben. Er selbst sei viereinhalb Stunden nach der vom Schwurgericht angenommen Ermordung von Dr. P. in Pöcking gewesen. Er habe mit ihm noch in dessen Haus in Pöcking gesprochen. Anwesend bei diesem Gespräch seien Oberleutnant R. und ein Oberstleutnant Sch. gewesen.

4. Diese mysteriöse Geschichte endete damit, dass Dr. Otto P. angeblich mehr Geld für seine Vermittlungsgeschäfte verlangt haben soll. Deswegen sollte er ausgeschaltet werden.
Vier Jahre später wird auch der Kanzleramtsminister Dr. Ehmke mit dem Fall ungewollt konfrontiert. Er war für den BND in Pullach bei München verantwortlich. Am selben Tag, als er aus Pullach kam, wo er Akteneinsicht genommen hatte, kam er zu dem Empfang in der bayerischen Landesvertretung in Bonn. Franz Josef Strauss, der Gastgeber, ging sofort auf ihn zu und erklärte ihm, wenn ihm sein Leben lieb sei, dann solle er die Finger von der Geschichte in Pöcking lassen. Strauss, der spätere bayerische Ministerpräsident, sah sich nach den Enthüllungen des Exagenten Hentges veranlasst, in einer eidesstattlichen Erklärung festzustellen, dass er mit den Morden an Dr. Otto P. und Elfriede K. nicht das Geringste zu tun habe, weder unmittelbar noch mittelbar. Der Exagent Hentges entging nur knapp einem Anschlag. Mehrere seiner Kollegen aus der Agentenzeit, die seine Glaubwürdigkeit hätten stützen können, kamen jeweils auf mysteriöse Weise ums Leben.

5. Diese Vorfälle, die sich nach der Verurteilung von Vera Brühne und Johann Fehrbach abspielten, können sicherlich nicht der bayerischen Justiz angelastet werden. Dennoch ist davon auszugehen, dass dem Freistaat Bayern die Umstände dieses Strafverfahrens, zumindest in Umrissen, bekannt war. Das Münchner Schwurgericht und die damit befassten Juristen hätten sich über die gesamten Tatabläufe mit Sicherheit informieren können. Doch das Landgerichts München I war an der Aufklärung des Falles und an der Wahrheit überhaupt nicht interessiert. Die Schuld der Angeklagten stand für das

so „gründliche bayerische Schwurgericht" von Anfang an fest. Das Skandalöse an diesem Münchner Strafprozess war aber mit Sicherheit die Tatsache, dass die Überprüfung des Urteils aus dem Jahr 1962 mit allen, auch mit verfahrensrechtlich absolut unzulässigen Mitteln verhindert wurde. Die Verteidiger, Rechtsanwalt Pelka (für Johann Fehrbach) und Rechtsanwalt Moser (für Vera Brühne) haben auf Grund des eindeutig falschen Urteils, was sich schon aus den zahlreichen prozessualen Verfahrensfehlern (siehe oben) ergab, mehrere Wiederaufnahmeverfahren angestrebt, die alle hartnäckig von der bayerischen Justiz nicht nur abgelehnt, sondern regelrecht verhindert wurden.

Besonders skandalös ist die Tatsache, dass der Vorsitzende des Münchner Schwurgerichts, der dieses Fehlurteil zu verantworten hatte, sich selbst mit allen, zum größten Teil unzulässigen Mitteln gegen eine Wiederaufnahme zur Wehr setzte. Eine Reihe der verschiedensten Wiederaufnahmeanträge waren bei Gericht eingegangen. Der Vorsitzende des Schwurgerichts hatte seine Kollegen bei den einzelnen Gerichten förmlich angefleht, sie sollten den Wiederaufnahmeanträgen auf keinen Fall stattgeben. Der Grund für das Verhalten dieses Vorsitzenden war sicherlich nicht die Angst, dass sein fehlerhaftes Urteil aufgehoben werde. Damit müssen viele Richter tagtäglich rechnen, ohne dass sie deswegen die anderen Gerichte mit ihren Telefonaten belästigen würden. Vermutlich wussten die Juristen des Schwurgerichts München, dass die Angeklagten ausschließlich deswegen verurteilt wurden, um den wahren Sachverhalt, nämlich umfangreiche Waffenexporte des Dr. Otto P. und dessen Umfeldes zu vertuschen.

6. Johann Fehrbach ist während der „Verbüßung" der Strafhaft im Gefängnis 1979 gestorben. Vera Brühne hatte zunächst immer eine Begnadigung abgelehnt mit der Begründung, sie benötige und wolle keine Begnadigung, weil sie schließlich unschuldig sei. Eine Begnadigung, also eine vorzeitige Entlassung durch den Ministerpräsidenten, kann in der Regel

immer nur dann erfolgen, wenn der Häftling seine Schuld und die Begehung der Tat eingesteht. Im Dezember 1979 wurde sie vom damaligen Ministerpräsidenten dennoch begnadigt.

Dieser Begnadigung war ein ebenso merkwürdiger wie schon fast mysteriöser Vorfall vorausgegangen, der auch die bayerische Rechtsstaatlichkeit in ein besonderes Licht rückt. Der bereits genannte Journalist Peter Anders erhielt 1979 einen merkwürdigen Anruf. Der Anrufer erklärte, er sei nicht Franz Josef Strauss. Die Stimme des Anrufers wies allerdings eindeutig auf die unverwechselbare Stimme des Ministerpräsidenten hin. Er erklärte dem Journalisten, wenn er die Veröffentlichung seines Buches über Vera Brühne um 15 Jahre zurückstellt, würde Vera Brühne begnadigt. Nachdem sich Anders an diese Zusage hielt, wurde sie tatsächlich 1979 begnadigt und kam frei.

Wer alles in diese Zusammenhänge verstrickt war, wird man, bei der bekannten Aussagefreudigkeit der staatlichen Behörden wohl niemals mehr erfahren. [1]

---

1 Schilderungen und Sachergänzungen zitiert nach Peter Anders: Der Fall Brühne

Staatlich geduldete Strafvereitelungen

Die Gerichte halten sich in vielen, nur auszugweise aufgezeigten Fällen, nicht an die Gesetze bzw. an die obergerichtliche Rechtsprechung. Viele Entscheidungen der Gerichte sind ganz offensichtlich willkürlich.

Die Verwaltung als eine der drei führenden Gewalten innerhalb eines demokratischen Rechtsstaates ist, wie sich aus den nachfolgenden Ausführungen ergibt, ebenfalls häufig nicht bereit, die Gesetze und die Verfassung so einzuhalten und zu befolgen, wie es normalerweise von jedem Staatsbürger verlangt wird. Die im Folgenden geschilderten Sachverhalte berechtigen daher den Vorwurf einer staatlichen Strafvereitelung.

1. Kriminelle Manipulationen an Automobilen

Die Betrügereien eines Großteiles der deutschen Autoindustrie gegenüber zahllosen Autofahrern, sowohl in den Vereinigten Staaten von Amerika als auch in der Bundesrepublik Deutschland, sind mittlerweile bekannt und müssen nicht besonders dargestellt werden. Die Klimaveränderung, die zunächst nur in anderen Erdteilen bemerkbar wurde, wird zunehmend auch in Mitteleuropa immer dramatischer und bedrohlicher. Einen nicht unerheblichen negativen Beitrag hierzu haben diese Automobilkonzerne durch die Luftverschmutzung ihrer Autos geleistet, auch wenn dies von der Auto-Lobby und vom Bundesministerium für Verkehr gerne angezweifelt wird. Notwendig war und ist, dass die Autos nicht nur in den Vereinigten Staaten, sondern auch bei uns in Europa möglichst wenige Schadstoffe bei der Teilnahme am Straßenverkehr ausstoßen.
    Damit die hergestellten Fahrzeuge von der Zulassungsstelle für die Nutzung im Verkehr überhaupt genehmigt werden konnten,

wurde von den Konzernen eine Vorrichtung eingebaut, die den Verschmutzungs-Ausstoß von CO_2 möglichst gering anzeigte. Dies wurde aber von den Konzernen so manipuliert, dass diese zu geringe Anzeige nur bei der Überprüfung in der Zulassungsstelle funktionierte. Auf diese Weise waren derartige Fahrzeuge mit dem gefälschten Zulassungsvermerk ohne weiteres im Straßenverkehr zugelassen. Im Straßenverkehr schaltete sich die betrügerisch eingebaute Vorrichtung ab, um die Effizienz der Fahrzeuge wieder wesentlich zu erhöhen. Dadurch steigerte sich auch der angegebene Kraftstoffverbrauch. Die CO_2-Werte nahmen dabei ein dramatisches Ausmaß an, so dass das Klima und damit der Mensch in erhöhtem Maß geschädigt wurden.

Einige Vorstandvorsitzende behaupten zwar unentwegt, von diesen Manipulationen nichts gewusst zu haben. Diese sollen vielmehr in unteren Herstellungsebenen in dem Konzern eigenverantwortlich und ohne Wissen der Konzernspitze ausgeführt worden sein. Dass in Konzernen ein Vorstandsvorsitzender nicht weiß, was in seinem Werk geschieht, wenn es sich um einen grundlegenden Eingriff in die Technik handelte, muss zumindest als fragwürdig angesehen werden.[2]

Die Ungeheuerlichkeit dieses Vorgangs wird nun aber noch dadurch gesteigert, dass die Bundesregierung ihren Einfluss und ihre Machtstellung im Ausland geltend machte und veranlasste, die Verantwortlichen der Europäischen Union zu bitten, ja regelrecht zu beschwören, die Autoindustrie nicht so stark und intensiv auf überhöhte Abgaswerte zu überprüfen. Die EU sollte bei der Autoindustrie nicht so genau hinschauen. Es galt die Meinung, dass sonst die Arbeitsplätze in der Autoindustrie und in anderen Zweigen gefährdet wären. Abgesehen davon, dass dieses immer wieder vorgebrachte Argument falsch ist, weil freiwerdende

---

2 Gegen den Vorstandsvorsitzen der VW-Werke W. wurde (2020) nach
  5 Jahren immer noch ermittelt;

Arbeitskräfte dringend für andere Arbeitsplätze und vor allem neue Technologien benötigt werden, ist dies mit der verfassungsrechtlich verankerten Verpflichtung der Regierungsverantwortlichen absolut nicht zu vereinbaren. Anstatt die schützende Hand über einen Industriezweig zu halten, der nicht nur die einzelnen Kunden, sondern das ganze Land mit seinem Verhalten schädigt, begeht eine Regierung einen Rechtsverstoß, den sie, wie es ihre eigentliche Aufgabe wäre, hätte verhindern müssen.

Was unternehmen die Justiz und die verantwortlichen Politiker gegen die Autolobby und verhelfen vor allem den Millionen von geschädigten Autobesitzern zu ihrem Recht? Dieses verloren gegangene Vertrauen wieder annähernd zurück zu gewinnen, sollte und müsste gerade die Aufgabe einer Regierung und ihrer speziellen Abteilung, dem Justizministerium und der Justiz sein. Wenn ein solch gravierender Rechtsverstoß begangen wird, ist es doch die oberste Aufgabe des Staates, ihn zu verfolgen, anstatt derartige Rechtsverletzungen noch zu unterstützen.

In der deutschen Strafprozessordnung ist die Staatsanwaltschaft die Strafverfolgungsbehörde. Nach dem Grundsatz des Legalitätsprinzips im Sinne von §§ 152 Abs. 2, 160 der Strafprozessordnung (StPO) ist die Staatsanwaltschaft verpflichtet, bei verfolgbaren Straftaten einzuschreiten. Diese Behörde ist nach französischem Vorbild im 19. Jahrhundert in Deutschland eingerichtet worden, hat aber – übrigens ganz im Gegensatz zur Verfolgungsbehörde in den USA – einen nicht unerheblichen Schönheitsfehler. Im Gegensatz zu den amerikanischen Verhältnissen ist die Staatsanwaltschaft weisungsgebunden. Das bedeutet, dass der Behördenleiter, in diesem Fall der zuständige Justizminister, die Weisung geben kann, ob und in welchem Ausmaß die Ermittlungen in einer möglichen strafbaren Handlung geführt werden. Wenn also der zuständige Minister zum Ergebnis gelangt, bezüglich einer eventuellen Straftat lägen nach seiner Meinung keine zureichenden Anhaltspunkte vor oder die Strafverfolgung sei im Sinne der Regierung einfach nicht opportun, kann und wird der Staatsanwalt diesbezüglich keine Ermittlungen aufnehmen.

Nun kann man dagegen argumentieren, eine Verletzung des Legalitätsprinzips durch eine Nichtverfolgung eines Schuldigen sei doch als eine Strafvereitelung im Amt nach § 258a StGB besonders unter Strafe gestellt. Der sorgfältige Leser wird aber sofort festgestellt haben, dass diese Strafvereitelung vorsätzlich begangen worden sein muss; mangels Vorsatz könnte demnach ein Täter gar nicht zur Rechenschaft gezogen werden.

In Deutschland begannen (2017) nunmehr einige Ermittlungen, nachdem beispielsweise amerikanische Behörden bereits den Autokonzern VW zu einer milliardenschweren Strafe verurteilt haben. Wenn in Deutschland ein Straßenhändler ein Gerät mit einer bewusst unrichtigen, in betrügerischer Absicht angebrachten Vorrichtung verkauft, würde umgehend gegen ihn wegen Betrugs ermittelt. Hätte er keinen festen Wohnsitz, müsste er sogar wegen Flucht- bzw. Verdunklungsgefahr mit einer Untersuchungshaft rechnen. Gegen einen Konzernvorsitzenden ist zwar jetzt ebenfalls Untersuchungshaft angeordnet worden, die Frage ist doch aber, wie lange die deutsche Justiz brauchte, um sich dazu durchzuringen. Im Fall des betrügerischen Straßenhändlers hätten die Geschädigten innerhalb kürzester Zeit die rechtliche Grundlage im Zivilrecht zur Hand, wegen der eigenen Vermögensschädigung gerichtlich vorzugehen. Bei einem Betrugsverfahren in den USA spielt es keine Rolle, ob der Betrüger ein kleiner Gangster oder ein millionenschwerer Vorstandsvorsitzender ist. Wird der Betrug in den USA ausgeführt, werden Manager, die sich in den USA aufhalten, sofort in Haft genommen. Die Verbraucher bekommen ihren Schaden umgehend ersetzt. Der VW-Konzern hat in den USA bereits ca. 20 Milliarden Euro Schadensersatz für die betrogenen Autokäufer entrichtet.

Wird derselbe Betrug in Deutschland durchgeführt, gibt es für den geschädigten Verbraucher zunächst nichts. Die Autokonzerne argumentieren, sie hätten alle ein absolut einwandfreies Auto an den Kunden geliefert, was sich eindeutig dadurch nachweisen lasse, dass die Zulassungsstelle das Fahrzeug-Modell abgenommen habe (!). Mit dieser unverfrorenen Erklärung, die noch dazu falsch ist, weil dem Kraftfahrt-Bundesamt die Manipulation am Motor nicht erkennbar war, sei alles gesagt. Diese Behörde zeigt sich nun aber „sehr hilfsbereit", wenn es darum geht, den geschädigten Käufer zu beraten. Man kam auf die glänzende Idee, der Verbraucher solle das schadhafte Auto zum Schrottwert verkaufen und sich bei demselben Konzern ein neues Auto bestellen.

Die Justizministerin[3], Mitglied der SPD, einer Partei, die sich im besonderen Maße bekanntlich für die Verbraucher und kleine Leute einsetzt, hatte schließlich eine Feststellungklage entwickelt, mit der mehrere Verbraucher zusammen klagen können, weil Sammelklagen aus nicht nachvollziehbaren Gründen in Deutschland nicht zulässig sind. In den USA sind sie dagegen möglich. Der erste gesetzliche Entwurf des Justizministeriums war noch einigermaßen brauchbar. Nachdem jedoch die Autoindustrie mit ihrer Lobby und ihrem großen Einfluss bei der Regierung interveniert hatte, folgte ein überarbeiteter ministerieller Entwurf, der so viele Klauseln enthielt, dass es im Grunde genommen fast unmöglich war, damit seine Ansprüche gegenüber der Autoindustrie geltend zu machen. Jetzt konnten nur noch bestimmte Verbände diese Musterklagen erheben, wobei die darin enthaltenen Voraussetzungen in einem Fall besonders signifikant, um nicht zu sagen pikant sind. Dieser zulässige Verband darf nicht mehr als 5 Prozent seiner Zuwendungen von Unternehmern, die verklagt werden, erhalten.

Die Musterfeststellungsklage wird von vielen juristischen Fachleuten als völlig unbrauchbar angesehen, und zwar aus folgendem Grund: Diese Feststellungklage, die bei Gericht eingereicht

---

3 Nunmehr Mitglied im Europäischen Parlament

werden muss, wird die komplette Instanzenkette der Gerichte durchlaufen und mit der Einschaltung des Bundesverfassungsgerichts und eventuell noch des Europäischen Gerichtshofs enden. Auf gar keinen Fall wird ein derartiger Prozess in etwa fünf Jahren abgeschlossen sein. Eine Musterfeststellungsklage wurde am Oberlandesgericht Stuttgart Anfang 2019 eingereicht. Dabei stellte sich von Seiten des Gerichts die Frage, ob die Klage überhaupt zulässig sei. Wie man der Pressemitteilung entnehmen kann, ist auch eine spätere Begründetheit der Klage bereits zweifelhaft.

Ist die Musterfeststellungsklage in letzter Instanz erfolgreich, muss nunmehr der einzelne Verbraucher, der sich dieser Musterfeststellungsklage angeschlossen hat, noch selbst Klage auf Erstattung seines Schadensersatzanspruches einreichen. Denn die Musterfeststellungsklage wird im Falle des Erfolges lediglich im Grundsatz feststellen, dass ein Anspruch gegeben sein könnte.

In den USA wurden Sammelklagen gegen die Konzerne eingereicht, wodurch die Geschädigten innerhalb kürzester Zeit ihren Schaden ersetzt erhielten. In der Bundesrepublik können die Autokonzerne die klagenden Verbraucher im schlimmsten Fall bis zu zehn Jahren hinhalten, wenn sie, was in dieser Situation anzunehmen ist, sämtliche Instanzen sowohl hinsichtlich der Feststellungsklage als auch bezüglich der Schadensersatzklage ausschöpfen. Die finanziellen Mittel für diese Rechtswege stehen den Konzernen bekanntlich zur Verfügung; im Gegensatz zu den einzelnen klagenden Verbrauchern, die sich vielleicht allenfalls durch eine Rechtsschutzversicherung absichern können.

Diese Musterfeststellungsklage, nunmehr ersetzt durch einen konzerngünstigen Vergleich, hatte daher ausschließlich nur einen Effekt: die Ausgestaltung des Vergleichs, dem sich die klagenden Verbraucher anschließen müssen, bestimmt der Konzern. Letztlich sollten damit die Verbraucher und somit die Bevölkerung insgesamt nur ruhiggestellt werden.

Eigentlich sind für solche Klagen die Anwaltskanzleien zuständig, von denen es in Deutschland genügend gibt. Weshalb diese

Klagen jetzt nur von bestimmten Verbänden erhoben werden dürfen, die nur einen bestimmten Prozentsatz an Spenden von den Unternehmen entgegennehmen dürfen, bleibt wohl das Geheimnis der Bundesregierung und ihrer zuständigen Ministerin.

Ist es rechtsstaatlich zulässig, dass eine Gruppe von Konzernen bestimmen kann, wie derartige Klagen einzureichen sind, damit die Autoindustrie trotz eines Betruges größten Ausmaßes im Wesentlichen von einer Vielzahl der Verbraucher nicht belangt und belästigt werden kann?

Wie jetzt bekannt wird, sollen die Strafverfahren gegen Vorsitzende der Konzerne eingestellt werden. Der BGH hat nunmehr (Ende Mai 2020) den Schaden *eines* Autobesitzers anerkannt.

Wer bestimmt heute noch in Deutschland die Politik, die gewählte Regierung oder die Autokonzerne und ihre Lobby?

2. Tolerierter sexueller Missbrauch in den Kirchen

In unserem „Rechtsstaat" gibt es auch Verbände und Organisationen, und zwar öffentlich anerkannt und verfassungsrechtlich geschützt, die trotz schwerwiegender Delikte eigenmächtig und selbst bestimmen können, ob Straftaten, die in ihren Reihen begangen werden, überhaupt verfolgt werden und welche Strafe der Straftäter zu erwarten hat. Ein weiterer noch viel schwerwiegender Vorwurf einer staatlich geduldeten Strafvereitelung ist die Behandlung (und fehlende Aufarbeitung) der ungeheuer zahlreichen Fälle von sexuellem Missbrauch an Abhängigen in den Kirchen, insbesondere in der katholischen.

Eigentlich hatten der Staat und seine Organe schon längst erkannt, dass die Kirchen in unserem Staat kein rechtsfreier Raum sind, sondern dass sie beispielsweise im Arbeitsrecht akzeptieren müssen, sich an die Arbeitsgesetzgebung und die hierzu ergangene

Rechtsprechung zu halten. Der Chefarzt einer kirchlich geführten Klinik kann nicht mehr einfach von seinem Arbeitgeber, der Kirche, entlassen werden, nur weil er eine Ehe eingeht, die die Kirche nicht tolerieren will. Bei schwerem sexuellem Missbrauch, den tausende Priester im Laufe der Zeit begangen haben, schaut unser „Rechtsstaat" einfach weg, wenn diese Straftaten teilweise verharmlost und nicht verfolgt werden. Die Täter werden entweder überhaupt nicht verfolgt oder (als Strafe) einfach in eine andere Pfarrei versetzt, womit nach Auffassung der Kirche der Strafverfolgung Genüge getan sei (und die Straftäter weitere Straftaten begehen können).

Dieses Phänomen des Missbrauchs durch Kirchendiener an Kindern dürfte schon relativ früh in der christlichen Kirche festzustellen sein, spätestens sicherlich nach der Einführung des Zölibats im vierten Jahrhundert. In diesen Zeiten wurde verständlicherweise niemals darüber gesprochen. Das Verbot schont die mächtige Autorität der Kirche und ihrer Kirchenfürsten. Man muss nur an die von der Kirche initiierte Inquisition denken, gegen die selbst eine staatliche Behörde keine Chance hatte. Als im neunzehnten Jahrhundert der so genannte „Pfaffenspiegel" (ein zugegebener Maßen stark antiklerikales Blatt) entstand, wurde zum ersten Mal in der Öffentlichkeit von den „geilen Pfaffen" gesprochen. Es wurde auch darüber berichtet, was so alles im Dunstkreis der Beichte getrieben wurde. Heute gibt es keine Inquisition mehr, sondern das Recht auf freie Meinungsäußerung, geregelt in der Verfassung, zumindest in den westlichen Staaten. Deswegen wird man wohl nicht mit absoluter Sicherheit sagen können, ob sich im 20. und 21. Jahrhundert die Straftaten des sexuellen Missbrauchs an Kindern und Jugendlichen in den Kirchen explosionsartig ausgebreitet haben oder diese durch die Möglichkeit, offen darüber zu sprechen, nur allmählich an die Öffentlichkeit gelangt sind.

Von der Deutschen Bischofskonferenz wurde im Jahr 2018 eine Studie veröffentlicht, welche die von den verschiedensten

Kirchenleuten in allen Schichten begangenen Missbrauchstatbestände darstellt. Sie hat fast 40.000 Personalakten ausgewertet. Die Dunkelziffer dürfte noch erheblich höher liegen. Die katholische Kirche hat diese Missstände, die bei ihr schon lange bekannt waren, immer nur sehr, sehr zögerlich der Öffentlichkeit bekannt gemacht. Dabei wurde aber ganz bewusst von der Kirchenleitung die eigentlich dafür zuständige staatliche Strafverfolgungsbehörde nicht eingeschaltet. Die Staatsanwaltschaften ihrerseits konnten sich, soweit diese Straftatbestände bekannt wurden bzw. ganz offen darüber gesprochen wurde, immer auf das Argument zurückziehen, dass die Täter über 21 Jahre alt waren. Bei sexuell Missbrauchten, die unter 16 aber über 14 Jahre alt waren, es sich also meist um Ministranten handelte, konnte eine Straftat von der Staatsanwaltschaft nur dann ermittelt werden, wenn ein Strafantrag gestellt wurde. Denn solche Straftaten werden nach dem Gesetz nur auf Antrag verfolgt. Besteht dagegen ein öffentliches Interesse, ist in dieser Sache von Amts wegen einzuschreiten. Das bestand offensichtlich nicht, zumindest nicht für die staatlichen Ermittlungsbehörden.

Soweit Missbrauchstatbestände an Kindern unter 14 Jahren begangen wurden, hätte die staatliche Behörde von Amts wegen einschreiten müssen, vorausgesetzt, sie hat davon erfahren. Dass ein Kind unter 14 Jahren zur Staatsanwaltschaft oder Polizei geht und Strafanzeige gegen den Täter erstattet, ist absolut ungewöhnlich, obwohl dies natürlich rechtlich möglich gewesen wäre. Die Strafverfolgungsbehörde hätte dann tätig werden müssen. Es hat einige Fälle gegeben, bei denen sich die Kinder an Institutionen wie beispielsweise die Caritas gewandt und von den Vorkommnissen am Telefon erzählt hatten. Dies wurde dann als „Dummer-Jungen-Scherz" abgetan. Sich den eigenen Eltern zu öffnen war erfolglos, da die Eltern in aller Regel diese Berichte nicht glaubten. Als die Taten allmählich bekannt wurden, sind zwar einige Pfarrer tatsächlich bestraft worden, vor allem dann, wenn bei Hausdurchsuchungen umfangreiches Material an selbst erstellten pornografischen Kinderbildern und Videokassetten gefunden wurden. Ansonsten wurde der eine oder andere Pfarrer von seiner vorgesetzten Kirchenbehörde in der Weise „bestraft", dass man ihn an eine andere Pfarrstelle versetzte. Die Kirche als Institution war jedenfalls nicht daran interessiert, diese Straftaten im großen Stil aufzuklären. Ihr war vielmehr daran gelegen, die ganze Sache zu vertuschen, damit die ehrenwerte Kirche nicht ihren guten Ruf verliert. Kirchenvorstände sind dabei so weit gegangen, dass Personalakten zum großen Teil geschwärzt wurden, damit man nicht weiter forschen konnte.

Die besondere Schwere der strafrechtlichen Schuld liegt bei den Vorgesetzten in der Kirche. Sie haben größtenteils versucht, die Untersuchungen zu verhindern. Die Unglaubwürdigkeit der Kirche in dieser Angelegenheit manifestiert sich zusätzlich darin, dass über Homosexualität oder über die Abschaffung des Zölibats nicht gesprochen werden darf. Dass aber andererseits in der katholischen Kirche viele Priester ein sexuelles Verhältnis unterhalten, aus dem uneheliche Kinder hervorgehen, wird toleriert und zeigt, dass die Kirche in allen die Sexualität betreffenden Fragen einfach nicht ehrlich ist. Die ostentativ vorgetragene große Frömmigkeit der katholischen Kirche erscheint im Grunde genommen als reine Heuchelei, weil sie mit den Grundsätzen des Neuen Testaments niemals in Einklang steht. Die staatlichen Behörden haben sich immer um die Aufklärung der Missbrauchstatbestände innerhalb der Kirche gedrückt, weil sie der Auffassung waren, dies seien rein kirchliche Angelegenheiten. Es gibt aber immer mehr staatliche Gerichte – nicht nur im arbeitsrechtlichen Bereich – die es nicht weiter tolerieren, dass die staatlichen Gesetze umgangen werden.

Allmählich beginnt die Kirche, sich mit den staatlichen Behörden zusammenzuschließen, um solche Missbrauchstatbestände aufzuarbeiten. Die staatlichen Behörden sind ihrerseits verpflichtet, alles zu unternehmen, um in Zukunft solche Straftatbestände von sich aus sofort aufzuklären und alles nach den Regeln des Strafverfahrens und den Vorschriften des Strafgesetzes in die

Wege zu leiten, damit dieser unzulässige freie Rechtsraum der Kirchen mit ihren Straftaten und ihren undurchsichtigen Ahndungen beseitigt wird.

Eine Verpflichtung, Straftaten anzuzeigen, besteht allerdings für die kirchlichen Organe nicht, womit derartige Probleme zum Teil wieder ungelöst bleiben.

Fehlerhafte öffentliche Verwaltung

Das teilweise grob rechtswidrige Verhalten von staatlichen Behörden zeigt folgender Sachverhalt:

1. Kriminelle Staaten im Staat

Die Verfassung der Bundesrepublik Deutschland ist niedergelegt in dem nach dem Krieg geschaffenen Grundgesetz, das seit der Wiedervereinigung 1989 mit der ehemaligen Deutschen Demokratischen Republik für alle Bundesländer gilt. Sie ist die rechtsstaatliche Grundlage für unsere Gesellschaft ohne jegliche Einschränkung. Dennoch existieren in der Bundesrepublik merkwürdige Ausnahmen:

Da sind zum einen die sogenannten Reichsbürger, deren Existenz zwar schon lange bekannt ist, deren Vielzahl sich aber noch zu steigern scheint. Die Öffentlichkeit ist jedenfalls über die Tatbestände überrascht. Die Reichsbürger, unter denen sich auch Polizisten, also Beamte des Staates befinden, erkennen die Bundesrepublik Deutschland als den für sie zuständigen Staat nicht an. Sie erklären vielmehr ganz dreist in aller Öffentlichkeit, sie würden in den Grenzen von 1937 leben und eine Bundesrepublik Deutschland existiere für sie überhaupt nicht. Die Tatsache, dass der Zwei-Plus-Vier-Vertrag 1991 die uneingeschränkte Souveränität Deutschlands völkerrechtlich anerkannt hat, ist für sie nicht relevant.

Daneben gibt es bei uns heute in einigen Städten sogenannte Parallelgesellschaften, die sich mittlerweile in bestimmten Stadtteilen fest etabliert haben. Es handelt sich um Gruppen von Familien mit gleichem ethnischem Hintergrund, die sich nicht an die Rechte und Pflichten der deutschen Verfassung halten.

Gleichberechtigung zwischen Mann und Frau ist bei diesen Gesellschaften nicht nur unbekannt. Es gilt die Auffassung, dass eine Frau keine eigenen Rechte haben kann, sondern ausschließlich im Eigentum des Mannes steht. Will eine Frau aus dieser Gruppe wie ein gewöhnlicher junger Mensch leben und einen Bekanntenkreis haben, ist ein solcher Wunsch etwas Ehrenrühriges.

Eine verheiratete Frau aus einer solchen Parallelgesellschaft könnte sich erst recht niemals mit einer fremden Person treffen, nur um irgendein Problem zu besprechen. Ein jugendliches Mädchen aus einer solchen Gesellschaft, das andere gleichaltrige Mädchen und junge Männer kennenlernen möchte, muss davon abgehalten werden, notfalls auch mit Gewalt. Dies ist aber nicht nur die Ansicht eines Einzelnen, eines Familienoberhauptes, eines Patriarchen, der über seine Familie und seine Kinder wie ein Diktator herrscht. Solche Auffassungen vertreten auch die Jugendlichen aus dieser Parallelgesellschaft schon in frühester Jugend selbst. Nach deren Auffassung muss notfalls die Ehre der Familie gerettet und das abspenstige Mädchen, die eigene Schwester, getötet werden. Das sind aber nicht Vorkommnisse in Syrien, im Irak, in Libyen oder in Afghanistan, das geschieht bei uns, mitten in Deutschland. Auseinandersetzungen zwischen verschieden Clans oder auch zwischen verschiedenen Familien, für die bei uns in Deutschland die Gerichte zuständig wären, werden in diesen Parallelgesellschaften durch sogenannte Friedensrichter geschlichtet.

In Deutschland liegt die richterliche Hoheit ausschließlich bei der Justiz, die durch fachlich ausgebildete Richter, Staatsanwälte, Notare und Rechtsanwälte ausgeübt wird. In den sogenannten Parallelgesellschaften schlichtet ein juristischer Laie ohne irgendwelche Rechtskenntnisse ehrenamtlich derartige Streitigkeiten Wenn bei entstandenen oder bevorstehenden Gewaltanwendungen Hilfe erforderlich wäre, wird diese niemals von der staatlichen Behörde, z. B. der Polizei gefordert. Es wird offen damit argumentiert, dass zu den staatlichen Polizisten kein

Vertrauensverhältnis bestehe, sondern ausschließlich zu diesen Friedensrichtern.

Soweit eine schwere Straftat aus einer solchen Parallelgesellschaft bekannt wird, muss die Staatsanwaltschaft als die rechtmäßige Vertreterin unserer Justiz die Ermittlungen an sich ziehen, notfalls Anklage erheben und Beweise, z. B. durch Zeugen, sichern. Wenn ein solcher Tathergang den staatlichen Behörden gemeldet wird, erhebt die Staatsanwaltschaft in aller Regel Anklage. Dann geschieht aber häufig Folgendes: Der Zeuge zieht die Aussage zurück und macht bei Gericht keine Angaben. In solchen Fällen ist davon auszugehen, dass hinter diesem Verhalten der Clan steht, der jegliche staatliche Untersuchung verhindern will, indem er die Zeugen unter Druck setzt. In einigen Schulen erklären Jugendliche, meist Muslime, wer etwas gegen den Koran sagt, muss getötet werden. Juden seien Schweine usw. Wenn dann die Schulleitungen befragt werden, ob dies alles doch hoffentlich nur Einzelfälle seien, bekommt man zur Antwort, andere Schulen hätten genau dieselben Probleme.

Weshalb sind unsere Behörden in Deutschland bis heute dagegen nicht in großem Umfang eingeschritten, sondern nur ganz vereinzelt?[4] Wollte man von Seiten der Politik so lange warten, bis sich diese Parallelgesellschaften so verfestigt haben, dass man nur noch Zäune errichten kann, um sie gänzlich von der übrigen Bevölkerung zu trennen? Tatsächlich hat der Staat seine Aufgabe „verpennt" (so der Spiegel vom 16.2.2019). Oder hat unser Staat das Gewaltmonopol schon längst aufgegeben?

Allmählich beginnt die Politik, dieses Problem zu sehen und versucht, dagegen anzusteuern.

---

4 wie z. B. jetzt in Nordrhein-Westfalen

2. Absichtlich verfehlte Mietpolitik

Die in der Bundesrepublik betriebene Mietpolitik muss bei der zurzeit bestehenden Sachlage als absichtlich verfehlte Politik zulasten der Mieter bezeichnet werden.

Nach Art. 13 Grundgesetz (GG) hat jeder ein geschütztes Grundrecht auf Unverletzlichkeit seiner Wohnung. Durchsuchungen dürfen nur von Richtern angeordnet werden, Eingriffe und Beschränkungen dieses Rechts sind nur auf der Grundlage eines Gesetzes möglich. Um sich auf ein solches Grundrecht überhaupt berufen zu können, muss man aber erst einmal eine eigene Wohnung besitzen, ein Wunsch, den sich viele Mitbürger in unserem reichen Deutschland einfach nicht mehr leisten können. Der Bayerische Verfassungsgerichtshof hat schon frühzeitig entschieden, dass aus dem Grundrecht des Art. 13 GG (Anspruch auf Unverletzlichkeit der eigenen Wohnung) kein Rechtsanspruch auf eine angemessene Wohnung hergeleitet werden könne. Damit hat dieses Gericht einen Anspruch auf eine Wohnung für jeden Staatsbürger generell abgelehnt. Das Bundesverfassungsgericht hat sich in einer ähnlichen Entscheidung zu dieser Frage allerdings positiver geäußert. Danach solle Art. 13 GG hinsichtlich des Rechts auf die Unverletzlichkeit der Wohnung einen „elementaren Lebensraum" gewährleisten (BVerfGE 1, 97 ff). Das angesprochene Problem hätte sich ganz leicht dadurch lösen lassen, dass ein verfassungsrechtliches oder zumindest ein gesetzliches Recht auf eine eigene Wohnung bestünde.

Für jeden Politiker müsste es im Grunde genommen selbstverständlich sein, dass der Besitz einer Wohnung verfassungsrechtlichen Charakter hat bzw. erhält. Gerade in unserer heutigen Gesellschaft, die mit freiheitlichen verfassungsrechtlichen Grundätzen zu leben beansprucht, müsste es doch auch gesichert sein, dass ein Mensch in unserem Staat die unbedingt notwendigen Voraussetzungen zum Leben nicht nur beanspruchen kann, sondern auch tatsächlich erhält. Dazu gehören neben Luft, Licht und Wasser auch eine Wohnung, die zumindest den dringendsten Wohnbedürfnissen gerecht wird. So wie Licht und Wasser (noch) keine Spekulationsobjekte sind, müsste dies auch für Wohnungen gelten. (In einigen deutschen Orten ist Trinkwasser bereits ein Spekulationsobjekt.)

Dem Staat und seinen Politikern ist das Problem mit dem Wohnraumbedarf und der immer prekärer werdenden Mietpolitik schon lange bekannt. Gelöst wurde es weder in der Vergangenheit noch zum jetzigen Zeitpunkt, wo wir immer mehr Obdachlose haben, in Deutschland geschätzt zurzeit (2018) ca. 640.000.

Nach dem Ende des Krieges waren vor allem in den Städten zum größten Teil die Häuser und damit die Wohnungen zerstört. Soweit überhaupt noch in Altbauten bewohnbare Flächen vorhanden waren, wurden die Monatsmieten für Altbauten auf eine Reichsmark pro Quadratmeter festgelegt. Bereits kurze Zeit später, im Jahr 1950, wurde für die nach 1948 gebauten Wohnungen, also nach der Währungsreform und dem Wechsel von der Reichsmark zur Deutschen Mark, der Mietenstopp gänzlich aufgehoben. Nur 10 Jahre danach hob die Bundesregierung unter dem damaligen Wohnungsbauminister Paul Lücke (CDU) gegen die Stimmen der SPD die Zwangswirtschaft im Wohnungsbau ganz auf, so dass ab August 1963 die Vermieter sofort Mieterhöhungen „angemessen" bis 25 Prozent verlangen durften. Ein Jahr später wurde die Preisbindung im Mietrecht (im Gegensatz zur damaligen DDR) gänzlich aufgehoben Eine Mietpreisbindung gab es nur noch für Wohnraum, der mit öffentlichen Mitteln subventioniert wurde. Der Wohnungsbau konnte aber mit öffentlichen Mitteln nicht ausreichend gefördert werden, weil generell zu wenig sozialer Wohnraum gebaut wurde. Die Mietpreisbindung hatte somit keine Chance, sich durchzusetzen.

Seit 2015 wird versucht, über ein Gesetz die Bundesländer für alle Vermietungen (Ausnahme Neuvermietung) zu ermächtigen, Mieterhöhungen durch eine Verordnung nach oben zu begrenzen. In Wohnbereichen mit einem Wohnungsmarkt, in welchem Wohnungen mit einer angemessenen Miete nicht mehr zu finden sind, darf der Vermieter höchstens 10 Prozent über der ortsüblichen Miete als Mietpreis verlangen. Aber selbst hier hat der Gesetzgeber wieder umfassende Ausnahmen zugelassen, die im Grunde genommen die Regelung ad absurdum führen. Einen ungebremsten Mietpreis kann jeder Vermieter verlangen, wenn er Neubauten errichtet hat, die nach dem 1. Oktober 2014 gebaut wurden. Außerdem gilt diese Ausnahme auch für Wohnungen in Altbauten, die „umfassend" modernisiert worden sind. Abgesehen davon, dass nicht eindeutig ist, welche Wohnungen nach dem genannten Zeitpunkt (1.10.2014) gebaut wurden, d. h. ob Beginn oder endgültige Fertigstellung maßgeblich sein sollen, ist auch der Begriff der „umfassenden Modernisierung" viel zu schwammig und daher völlig unbestimmt.

Festzustellen ist, dass unser bundesdeutscher Staat und damit neben der Gesetzgebung auch die Rechtsprechung nicht mit präzisen Begriffen arbeitet. Dafür hat dann die Justiz für eine willkürliche Beurteilung Tor und Tür geöffnet. Dies zeigt, dass zwar unsere Gesellschaft, aber weder der Staat noch seine Politiker im Entferntesten daran interessiert sind, jedem Bürger ein grundgesetzliches Wohnrecht zu gewähren und zu garantieren. Die Wohlhabenden besitzen es, die sozial Schwachen sind der Bodensatz unserer Gesellschaft, dem man ab und zu gewisse Wohltaten zukommen lässt.

Viele Staatsbürger und auch sonstige in der Bundesrepublik lebende Personen haben überhaupt keinen Anspruch auf das Grundrecht des Art. 13 GG (Unverletzlichkeit der Wohnung). Sie besitzen nämlich keine Wohnung, sondern leben entweder irgendwo in Untermiete oder buchstäblich auf der Straße, unter Brücken oder in unbenutzten Gewerbebauten als Obdachlose. Eine Obdachlosenunterkunft, wie sie heute von den allermeisten Kommunen angeboten wird, ist keine private Wohnung mit der Möglichkeit einer Privatsphäre. Lebten die Obdachlosen beispielsweise in einem Hotel oder bei Freunden in einem separaten Zimmer, könnten sie sich zwar auf dieses Grundrecht (Art. 13 GG) berufen. Das kann aber niemals ein Ersatz für eine eigene Wohnung sein.

In der Stadt München, einer Stadt mit angeblich besonderer bayerischer Lebensart, gibt es zurzeit (2019) über 500 Obdachlose. In Nürnberg leben etwa 100 Personen auf der Straße. In Deutschland gibt es seit der Corona-Krise in etwa 640.000 geschätzte Obdachlose, von denen einige Anfang 2021 in der Kälte gestorben sind. Die Bundesstatistik gibt für sehr Vieles statistische Zahlen heraus, aber nicht über die Zahl der Obdachlosen. Diese ungeheure Zahl – und das in einem der reichsten Länder der Erde – müsste eigentlich beschämend für die Regierungspolitiker sein. Tatsächlich verkehren unsere Politiker dieses genannte Problem ganz bewusst ins Gegenteil und erklären: Den Deutschen ging es doch noch nie so gut. Dies sagt beispielsweise die Vertreterin der Bundesregierung stolz in der Haushaltsdebatte im Bundestag 2017 oder der Ministerpräsident eines großen Bundeslandes. Dabei haben beide vermutlich nicht an die vielen Obdachlosen gedacht, für die jeder Tag ein Tag voll unendlicher Not ist. Diese Menschen besitzen nichts, was für jeden anderen selbstverständlich ist, kein Bett, keine Toilette, keine Dusche, keine Küche, keine Wärme im Winter durch eine Heizung. Ursachen für diese Misere gibt es sicherlich viele, vielleicht auch von den Obdachlosen selbstverschuldete.

Das berechtigt aber den Staat nicht, diese und viele andere Bürger ohne ausreichende Wohnung sich selbst zu überlassen. Wenn man das Problem etwas zynisch darstellen wollte, müsste man offen sagen, die Großkonzerne haben ihre Lobbyisten, die letztlich alles für die Großindustrie im Bundestag und in den Ministerien regeln. Die ärmeren Bevölkerungsschichten bis hin zu den Obdachlosen in unserem Lande sind selbst schuld; sie haben eben keine Lobby. Der Staat kann sich zunächst einmal mit Sicherheit nicht darauf berufen, dies sei eine Angelegenheit der freien Wirtschaft (Vermieter und Mieter), und da habe der Staat nichts zu suchen. Diese Lösung von staatlichen Problemen verlagert der Staat, trotz des verfassungsrechtlichen Grundsatzes eines sozialen Rechtsstaates, in letzter Zeit besonders gerne in die freie Wirtschaft. Diese Abschiebung ureigener Verpflichtungen des Staates unternimmt die Politik im Übrigen auch in zahlreichen anderen Bereichen, die für das Wohl der Allgemeinheit unbedingt notwendig sind. Ökonomisch spricht man von Auslagerung staatlicher Verpflichtungen.

Im Wohnungsrecht hat der Staat eine Fürsorgepflicht, die er mangels Interesse einfach nicht wahrnimmt. Wie oft hat der Gesetzgeber schon (halbherzig) versucht, eine vernünftige Regelung für eine Mietpreisbremse zu schaffen, ist damit aber immer kläglich gescheitert, weil er angeblich nicht in der Lage oder richtigerweise wegen der Vermieter-Lobby einfach nicht willens ist, so etwas ordentlich, für beide Seiten zufriedenstellend zu regeln. In unserer Gesellschaft ist die Allgemeinheit auf raschen Gewinn ausgerichtet. Und das wird von allen Parteien hemmungslos unterstützt, seien es nun (angeblich) christlich oder sozial eingestellte Parteien, von einigen wenigen Vertretern einmal abgesehen. Und das gilt natürlich (kann man es ihnen verdenken?) auch für viele Vermieter. Das Staatswesen, vertreten durch seine Politiker, zeigt in jeder seiner Handlungen immer nur die Notwendigkeit des Gewinnstrebens oder des eigenen Vorteils. Bevölkerungsschichten, die entweder eine mächtige Lobby oder einen starken Fürsprecher haben, können sich in diesem Staat Gehör verschaffen. Die Bürger, die auf der Straße leben oder die keine Lobby haben, die Angst um den Erhalt ihrer noch bezahlbaren Wohnung haben, sie alle sind für die Regierung völlig uninteressant.

Wie wenig sich die Regierenden um einen ausreichenden Wohnungsbestand kümmern und sich auch nicht dafür interessieren, trotz fortdauernder Lippenbekenntnisse, zeigen die Bundesländer Berlin und Bayern. Beide, sowohl Berlin als auch der Freistaat Bayern, hatten einen erheblichen Bestand an Wohnungen und hätten damit einen Großteil für den sozialen Wohnungsbau zur Verfügung stellen können. Mit Argumenten, die wirklich nicht überzeugen, haben sie versucht, diese Wohnungsverkäufe zu verteidigen, ohne allerdings damit in der Bevölkerung auf Zustimmung zu stoßen.

Stattdessen schwindet das Vertrauen in eine vernünftige Wohnungs- und Mietpolitik immer mehr. Beide Länder haben ihren Wohnungsbestand verkauft, um die finanziellen Mittel anderen in unserer Gemeinschaft zukommen zu lassen. Und dieser Verkauf wurde auch noch zu einem Zeitpunkt durchgeführt, als es immer deutlicher wurde, dass es zu wenig Wohnungen in Deutschland gibt. Der Staat, der selbst noch immer über einen sehr großen Immobilienbesitz verfügt (aus Wehrbereichen, aus aufgelassenen Grundstücken in den neuen Bundesländern etc.), könnte auf diesen Grundstücken sozialgerechte Wohnungen errichten. Andererseits könnte er dadurch und auch durch Ankauf von Grund die Wohnungswirtschaft ankurbeln. Er könnte auch auf die Grunderwerbssteuer (gegen finanziellen Ausgleich des Bundes für die Kommunen) verzichten oder sie zumindest senken und eine Reihe von Möglichkeiten ergreifen, die dem Wohnungsmarkt und damit den Wohnungssuchenden zugutekämen. Das will aber der Staat nicht.

Eine Maßnahme in der Wohnungswirtschaft, die die Mieten geradezu zwangsläufig nach oben treiben muss, ist die wirtschaftliche Umsetzung von Sanierungsmaßnahmen, die zweifelsohne in allen Wohnungen in gewissen Zeitabständen durchgeführt werden müssen, seien es nun staatliche Wohnungen oder Sozialwohnungen oder die in der freien Wirtschaft. Auf dem Wohnungsmarkt wird dieses Problem heute so gelöst, dass der Vermieter große Sanierungsmaßnahmen durchführen lässt und diese Kosten einfach in die Mietpreise einrechnet. Dabei kommen diese Sanierungen auch den Vermietern zugute, deren Immobilien durch die Sanierung im Wert steigen. Den Immobilienhaien geht es nur um die Erhöhung der Mieten und diese Maßnahme unterstützt der Gesetzgeber ausdrücklich. Ebenso wäre es ein Leichtes, die Sanierungsarbeiten auf die einzelnen Wohnungen umzurechnen. Dann könnte jeder Mieter nach seinen finanziellen Möglichkeiten diese Kosten abzahlen, wobei der Staat den finanziell schwächeren finanzielle Unterstützungen gewährt, die zum Beispiel durch Steuererleichterungen oder andere Maßnahmen erfolgen könnte.

Nach Abzahlung der angefallenen Sanierungskosten müssten die Mieten dann wieder in den alten Stand zurückgeführt werden. Dabei ist es nicht einsehbar, dass der Mieter die gesamten hohen Sanierungskosten alleine zu tragen hat, obwohl diese Wohnungserneuerung doch vor allem auch dem Vermieter zugutekommt. Denn seine vermietete Wohnung gewinnt an Wert. Das aber würde wiederum die Vermieter-Lobby verärgern und deren Politik der hohen Mietpreise konterkarieren. Und dies liegt wiederum nicht im Sinne der Kapitaleigner und damit der Regierung. Denn die Vermieter sind heute nicht mehr Einzelpersonen, sondern in der Regel Aktiengesellschaften. Und die Aktionäre verlangen eben immer höhere Dividenden, wofür sich der Staat mit seiner Politik einsetzt. Insoweit bleibt es bei den Versprechungen der Politiker und ihrer Parteien, die täglich, vor allem vor Wahlen, gemacht werden.

Sollte irgendein Politiker noch einmal öffentlich behaupten, die Regierung und ihre Verantwortlichen würden immer bestrebt sein, die Mieten nicht erheblich weiter steigen zu lassen, müsste man ihn in aller Öffentlichkeit als notorischen Lügner bezeichnen. Denn was sich die Finanzbehörden offensichtlich im Auftrag des Bundesfinanzministers leisten, macht die Unglaubwürdigkeit der staatlichen Behörden mit ihren Regierungen besonders deutlich. Es gibt zum Glück immer noch zahlreiche Staatsbürger, die eine Wohnung oder ein Haus vermieten, ohne deswegen gleich besonders hohe Mieten aus reiner Raffgier zu verlangen. Vermieter, die diese Einnahmen, die niedriger als die üblichen Mieteinnahmen sind, bei ihrer Steuererklärung angeben, bekommen zum großen Teil von den Finanzämtern zu hören, ihre verlangten Mieten seien zu niedrig. Entweder sollen diese Vermieter die von ihren Mietern verlangten Mietzahlungen angemessen erhöhen oder das Finanzamt nimmt eine fiktive höhere Miete bei der Festsetzung der Steuer an und erhöht dadurch deren Einkommensteuer, womit die vom Staat erhoffte Miethöhe weiter gesteigert wird. Der Staatsbürger, der sich nicht an der Raffgier der Allgemeinheit und der staatlichen Behörden beteiligen will, muss also gegen seinen Willen eine Mieterhöhung vornehmen, weil er sonst vom Staat bestraft wird. Die Regierung sorgt also, wie man sieht, bewusst dafür, dass auch die Vermieter, die nicht zu den Immobilienhaien gehören, gezwungen werden, die Mietpreise zu erhöhen.

3. Ansatz einer Mietpreispolitik

Im 19. Jahrhundert gab es sicherlich dieses Mietproblem noch nicht. Der Staat baute, beispielsweise in Berlin, Mietskasernen, die in der Regel einen, einen zweiten, einen dritten usw. Hinterhof hatten. Die Wohnungen waren klein und entsprachen nicht unseren heutigen Wohnansprüchen. Wäre zum damaligen Zeitpunkt Deutschland ein demokratischer sozialer Rechtsstaat gewesen, hätte der Gesetzgeber, neben einem für die ganze Welt vorbildlichen Bürgerlichen Gesetzbuch, vielleicht auch ein Mietrecht geschaffen mit folgenden auszugsweise wiedergegebenen Regelungsmöglichkeiten:

1. Grund und Boden werden benötigt, um Menschenrechte wie z. B. einen Anspruch auf Wohnung für jeden Staatsbürger erfüllen zu können.
2. Grund und Boden sind nicht beliebig vermehrbar und sollen der Allgemeinheit dienen. Deswegen können sie zum Wohl der Gemeinschaft verstaatlicht werden; der Eigentümer erhält eine angemessene Entschädigung.
3. Grund und Boden sind keine Spekulationsobjekte und dürfen nicht zur reinen Gewinnerzielung missbraucht werden.

4. Grund und Boden darf nicht zur Spekulation zurückgehalten werden, um später höhere Gewinne zu erzielen.
5. Im Übrigen bleibt das Eigentumsrecht des Eigentümers uneingeschränkt.

Eine soziale Mietpolitik ließe sich ohne Kommunismus und Verstaatlichungspolitik beliebig durchführen und fortsetzen, ohne dass das Eigentumsrecht im Sinne unserer Verfassung angetastet würde.

Das von Bundesminister Seehofer gepriesene Wohngeld ist nichts weiter als eine Subventionierung der Vermieter mit Steuergeldern, über die sich die großen Vermieter-Aktiengesellschaften freuen. Eine reale Problemlösung ist aber auch weiterhin nicht in Sicht. Es dürfte nicht ganz ausgeschlossen sein, dass der Staat bei Ansteigen der Bevölkerungszahlen in der Bundesrepublik (bedingt durch den Zuzug von ausländischen Arbeitskräften) infolge der immer stärker werdenden Klimaveränderung und des Älterwerdens der Bevölkerung gezwungen sein wird, radikale Maßnahmen zu ergreifen. Reine Versprechungen werden von der Mehrheit der Gesellschaft bezüglich der sozialen Fragen in Zukunft dann nicht mehr akzeptiert werden.

Eine Bundesregierung, die fortwährend verspricht, bezahlbaren Wohnraum zu schaffen, die es aber bei den Versprechungen, vor allem nach den Wahlen, belässt, gleichzeitig über die Finanzämter aber verlangt, dass die angemessenen Mieten erhöht werden, wird immer mehr das Vertrauen in ihre Politik verlieren.

Rechtswidriges Verhalten des Bundestages

1. Erlass eines verfassungswidrigen Gesetzes

In Art. 20 Abs. 3 GG ist verfassungsrechtlich festgelegt, dass (auch) die vollziehende Gewalt und die Rechtsprechung an Gesetz und Recht gebunden sind. Dass diese beiden Gewalten unserer Verfassung unterliegen, ist nicht nur selbstverständlich, sondern hat das Grundgesetz in Art. 20 Abs. 3, erster Halbsatz noch einmal ausdrücklich bestimmt: unser gesetzgebendes Parlament, die oberste der drei genannten Gewalten in unserer Demokratie, müsste also gehindert sein, ein Gesetz im Bundestag zu beschließen, das gegen eines der Grundrechte verstößt. Aber das Parlament hält sich ebenso wie manche Richter und Politiker einfach nicht daran.

Im Mai 2012 hatte eine Familie in Köln ihren neu geborenen Sohn zu Hause beschneiden lassen, so wie es deren religiöser Ritus vorschreibt Die Kölner Staatsanwaltschaft hatte daraufhin Anklage wegen Körperverletzung zum Landgericht Köln erhoben. Der Vorsitzende Richter der Strafkammer vertrat darin die Auffassung, dass die Beschneidung eines männlichen Säuglings an der Vorhaut des Penis, die sowohl bei Muslimen als auch bei Juden[5] als wichtiger Bestandteil der religiösen und kulturellen Identität angesehen wird, als rechtswidrige strafbare Körperverletzung zu werten sei.

Verständlicherweise gerieten daraufhin sowohl die jüdischen als auch die muslimischen Organisationen nicht nur in Panik; es kam

---

5 Die Ausführungen richten sich nicht gegen die freie Religionsausübung beider Konfessionen, sondern problematisieren **ausschließlich** das Grundrecht der körperlichen Unversehrtheit nach Art. 2 Abs 2 GG.

auch zu einer Protestwelle von Muslimen und Juden in Deutschland. Die beiden Religionen mussten nunmehr befürchten, bei derartigen Beschneidungen in Zukunft strafrechtlich zur Rechenschaft gezogen zu werden. Die Politiker wiederum waren bestrebt, den Religionsgemeinschaften unter allen Umständen mit allen gesetzlichen Mitteln zu Hilfe zu kommen.

Die Bundesregierung in der CDU/CSU-Koalition mit der FDP brachte daraufhin unter Federführung der damaligen Justizministerin im Eiltempo einen Gesetzentwurf auf den Weg, um angeblich Rechtssicherheit zu schaffen, d. h. die rituelle Beschneidung sollte straflos gestellt werden. Das Gesetz, das am 28.12.2012 in Kraft trat, schreibt lediglich vor, dass ein solcher Eingriff auch in Zukunft zulässig ist, jedoch nach den Regeln der ärztlichen Kunst durchgeführt werden muss. Dies hat zur Folge, dass ein Junge nur im Zweifel eine Betäubung oder eine Narkose erhält. In der Zeit der ersten sechs Lebensmonaten dieses Säuglings darf aber auch der religiöse Beschneider den Eingriff auf dem Küchentisch vornehmen, soweit er in dieser Praxis ausgebildet ist. Nach Ablauf der sechs Monate darf diese rituelle Beschneidung nur noch von Ärzten vorgenommen werden.

Weil es sich bei der Beschneidung um einen Eingriff in die körperliche Unversehrtheit des Säuglings handelt, könne dieser Eingriff nach dem Willen des Gesetzgebers auch nur durch eine Einwilligung gerechtfertigt sein. Nachdem der Säugling seine Einwilligung verständlicherweise nicht artikulieren kann, soll die Einwilligung durch die Eltern erfolgen, denen die Personensorge obliegt. Deswegen ist dieses neue Gesetz in den Abschnitt unter Personensorge des Bürgerlichen Gesetzbuches aufgeführt und hat in § 1631d BGB folgenden Wortlaut:

„§ 1631d Abs. 1 Satz 1 BGB:
Die Personensorge umfasst auch das Recht, in eine <u>medizinisch nicht erforderliche</u> Beschneidung des nicht einsichts- und urteilsfähigen männlichen Kindes einzuwilligen, wenn diese nach den Regeln der ärztlichen Kunst durchgeführt werden soll.‟

Satz 2 dieser Vorschrift besagt:
„Dies gilt nicht, wenn durch die Beschneidung auch unter
Berücksichtigung ihres Zwecks das Kindeswohl gefährdet wird."

Abs. 2 dieser Vorschrift lautet:
„In den ersten sechs Monaten nach der Geburt des Kindes
dürfen auch von einer Religionsgemeinschaft dazu vorgesehene Personen Beschneidungen gemäß Abs. 1 durchführen, wenn
sie dafür besonders ausgebildet und, ohne Arzt zu sein, für die
Durchführung der Beschneidung *vergleichbar* befähigt sind."

Die Abgeordneten des Deutschen Bundestages, sowohl aus der
Regierungskoalition als auch von der Opposition, haben sich vor
der namentlichen Abstimmung, die am 12.12.2012 mit großer
Zustimmung zum Regierungsentwurf erfolgte, ohne Zweifel
eine sehr sachliche Auseinandersetzung geliefert. Dabei haben
auch 66 Abgeordnete von SPD, Linke und Grünen einen alter-
nativen Gesetzesentwurf eingebracht, wonach die Beschneidungen erst ab einem Alter der männlichen Kinder von 14 Jahren
und darüber hinaus auch nur von Ärzten durchgeführt werden
dürften. Dieser Vorschlag fand ebenso wie die anderen Entwür-
fe keine Zustimmung bei der Mehrheit der Abgeordneten und
der Bundesjustizministerin.

Dieses neue Gesetz verstößt gegen ein fundamentales Grundrecht unserer Verfassung und muss daher aus folgenden Gründen als rechtswidrig angesehen werden:
    Art 2 Abs 1 GG schützt nicht nur die freie Entfaltung der Per-
sönlichkeit; in Abs. 2 Satz 1 GG ist auch festgelegt:
    „Jeder hat das Recht auf Leben und körperliche Unversehrtheit."

Schon seit Jahren warnen Ärzte und Betroffenenverbände vor
den möglichen Folgen einer Beschneidung. Ärzteverbände haben die Forschungsergebnisse noch einmal zusammengetragen.
Sie weisen kritisch darauf hin, dass die männliche Vorhaut kein
unbedeutendes Stück Haut sei. Die verantwortlichen Autoren

betonen die wichtige Funktion der Vorhaut. Laut einer Studie des US-Mediziners und Beschneidungskritikers Morris L. Sorrells ist sie der sensibelste Teil des Organs überhaupt. Stark durchblutet spielt sie für das Erleben sexueller Empfindung eine wichtige Rolle. Darüber hinaus schützt sie die Eichel des männlichen Glieds wie das Lid das Auge. Wird sie entfernt, gehen Tastkörperchen und wichtige Drüsen für die Befeuchtung und zur Immunabwehr verloren. Außerdem führt es zur Desensibilisierung des Organs. Zusätzlich wird vor Komplikationen durch den Beschneidungsvorgang gewarnt. Diese treten selbst in kinderchirurgischen Zentren bei fünf Prozent der Behandlungen auf. Bei Neugeborenen sei die Zahl noch viel höher.

Der Kinderchirurg Christoph Z. berichtet 2014 auf einem Kongress, er habe zwischen 2005 und 2012 in der Klinik 83 Patienten aufnehmen müssen. Die Komplikationen bei diesen Patienten reichten von „geringfügig bis lebensbedrohlich". Einem Patienten habe er nach versuchter ritueller Beschneidung den Penis amputieren müssen, um sein Leben zu retten. Die auftretenden Komplikationen reichen von Durchblutungsstörungen, Schrumpfungsprozessen, störender Vernarbung und Harnröhrenverengung, die eine Operation notwendig machen. Letztere treten besonders häufig bei Neugeborenen auf. Dazu kommen mögliche Traumatisierungen körperlicher und seelischer Natur Wichtig in diesem Zusammenhang sind auch die ungeheuren Schmerzen, die Babys bei der rituellen Beschneidung, die in aller Regel ohne Betäubung erfolgt, hinnehmen müssen. Die von einigen rituellen Beschneidern eingesetzte leicht betäubende EMLA-Salbe ist nach Auffassung der genannten Autoren nicht ausreichend. Frühkindliche Schmerzerfahrungen würden die Vernetzung im Gehirn grundlegend verändern. Die späteren Erwachsenen seien dadurch empfindlicher und würden geringer auf Schmerzmittel reagieren.

Diese ärztlichen Kenntnisse waren den Bundestagsabgeordneten und sicherlich auch der federführenden Justizministerin bekannt, nachdem einige ablehnende Abgeordnete, z. B. die SPD-Abgeordnete R., ausdrücklich auf diese Komplikationen hinwiesen.

Somit kann als feststehend angesehen werden, dass die rituelle Beschneidung, vor allem innerhalb der ersten sechs Monate durch rituelle Beschneider, aber auch in späterer Zeit, eine schwere und somit auch strafbare Körperverletzung, ausgeführt durch ein Messer, darstellt.

2. Untauglicher Versuch einer Rechtfertigung

Die Mehrzahl der das Gesetz befürwortenden Abgeordneten sahen die schwere Körperverletzung als nicht so relevant an wie die freie, ungestörte Religionsausübung im Sinne von Art. 4 des Grundgesetzes. Der SPD-Abgeordnete Dr. Steinmeier konzentrierte sich auf die „ Rechtssicherheit für jüdische Mitbürger, einen Ritus (unbedingt) beibehalten zu können, der für die Ausübung der Religion (angeblich) unverzichtbar sei". Nach seiner Auffassung rüttele die Bundestagsentscheidung „an der religiösen Entscheidung" der Religionsgemeinschaften. Er räumt zwar ein, Kindeswohl sei auch körperliche Unversehrtheit. Und er fährt dann fort: Kindeswohl bedeute auch Zugehörigkeit zu einer bestimmten Religion und deswegen weigere er sich, einen Ritus, „der für einen Teil unserer Mitbürger zum Kern ihrer Identität, zum Kern ihrer Zugehörigkeit zu einer Gemeinschaft" gehöre, „per se als kindeswohlfeindlich abzustempeln". Und er schließt seine Ausführungen damit ab, dass wir Deutsche nicht den jüdischen Mitbürgern beibringen dürfen, „was Inhalt von Lebensschutz und Kindeswohl ist".

Nichtärztliche oder ärztliche jüdische Beschneider dürften nicht mit dem Staatsanwalt verfolgt werden. Und Steinmeyer beruft sich dabei auf die Geschichte „… nach mehreren tausend Jahren". Auf die notwendige Einwilligung bei dieser schweren Körperverletzung wurde von dem Abgeordneten Steinmeier nicht eingegangen.

3. Überzeugendere Gegenargumente

Mit diesem verfassungsrechtlichen Problem befasste sich umso mehr die Abgeordnete Keul von den Grünen. Nach Auffassung der Befürworter sei dies im Wesentlichen ein Einwilligungsproblem, weshalb das neue Beschneidungsgesetz, wie oben ausgeführt, in den familienrechtlichen Teil des BGB aufgenommen wurde. Art. 6 GG beinhaltet das Verfassungsrecht der Eltern, ihre Kinder eigenverantwortlich zu erziehen. Der Staat habe nicht das Recht, in dieses Erziehungsrecht einzugreifen. Deswegen können die Eltern, so die Befürworter des Gesetzes, an ihrer Einwilligung in die religiöse Beschneidung ihres Säuglings und damit in die Körperverletzung nicht gehindert werden.

Diese drei Grundrechte,
körperliche Unversehrtheit (Art. 2 GG),
freie Religionsausübung (Art. 4 GG) und
freies Erziehungsrecht der Eltern (Art. 6 GG)
sind die drei Grundpfeiler, auf die sich das Beschneidungsgesetz stützt.

Die Abgeordnete Keul wies allerdings, im Gegensatz zu den Darlegungen anderer, schon zu Anfang ihrer sehr kompetenten Ausführung darauf hin, dass die Einwilligung zur Körperverletzung (das ist zunächst einmal jeder ärztliche Eingriff beim Menschen) eines Kindes nicht unbegrenzt ist. Diese Grenze bestehe und müsse eingehalten werden trotz der freien Personensorge der Eltern für ihre Kinder.

So könne beispielsweise ein Arzt, der sich auf die erteilte Einwilligung der Eltern berufen würde, trotz ausdrücklichem Wunsch der Eltern ohne medizinische Veranlassung dem Kind kein Blut abnehmen und dazu eine Spritze setzen. Dies haben bereits die Mütter und Väter des Grundgesetzes selbst berücksichtigt, indem sie bei dem verfassungsrechtlichen Erziehungsrecht der Eltern in Art. 6 Abs. 2, Satz 2 GG festlegten: „Über ihre Betätigung (Pflege und Erziehung der Kinder) wacht die staatliche Gemeinschaft". Das hatte im Übrigen auch schon das deutsche Parlament selbst sehr genau erkannt und in seiner Gesetzgebung definitiv beachtet.

In § 1631 Abs. 2 BGB ist nach einer Gesetzesänderung bestimmt, dass Kinder nunmehr auch ein Recht auf gewaltfreie Erziehung haben. Während früher sowohl im Elternhaus als auch in der Schule Schläge, so genannte körperliche Züchtigungen, Gang und Gäbe waren und zu einer vernünftigen Erziehung gehörten wie die Luft zum Atmen, ist dies jetzt verboten: „Körperliche Bestrafungen, seelische Verletzungen und andere entwürdigende Maßnahmen sind unzulässig". Der Bundestag, der mit großer Mehrheit in namentlicher Abstimmung das Gesetz über die zulässige und damit straffreie rituelle Beschneidung beschlossen hat, glaubte in der Einwilligung der Eltern die notwendige Berechtigung geschaffen zu haben, um, wie es vor allem von den meisten Abgeordneten betont wurde, das jüdische und muslimische religiöse Ritual straffrei erklären zu können.

Eine solche „Einwilligung" in eine schwere Körperverletzung eines Kleinkindes kann aber niemals eine berechtigte Zustimmung sein, die die Körperverletzung rechtfertigt. Eine solche Einwilligung könnte ausschließlich nur der Betroffene selbst abgeben, wenn er mündig wäre. Aus diesem Grunde wurde von den 66 Abgeordneten aus der Opposition der Alternativentwurf vorgeschlagen, wonach der betroffene Junge mit vollendetem 14. Lebensjahr über seine Religionszugehörigkeit und damit auch über die an ihm aus Gründen des Rituals vorzunehmende Beschneidung selbst entscheiden kann. Dieser Vorschlag wurde mit wenig überzeugenden Argumenten abgelehnt. Die Befürworter des Gesetzes meinten, ein nicht beschnittenes Kleinkind würde aus der Religionsgemeinschaft ausgeschlossen werden (?), so dass dadurch in unzulässiger Weise in die Religionsfreiheit (der Eltern?) eingegriffen werde. Dieser Einwand der Gesetzesbefürworter ist schon deswegen abwegig, weil es doch die Eltern selbst in diesem Fall wären, die das nicht beschnittene kleine

Baby aus der Religionsgemeinschaft ausschließen würden. (Das Kleinkind hätte sicherlich nichts dagegen, in der Gemeinschaft zu bleiben.) Dass aber in die körperliche Unversehrtheit eines Kleinkindes mit zum Teil roher Gewalt (Beschneidung auf dem Küchentisch durch einen rituellen Beschneider mit einem Messer) eingegriffen wird, fanden die Befürworter für nicht erheblich. Mit diesen Eingriffen zu Lasten eines Kindes müsse immer gerechnet werden, so die Befürworter, auch wenn immer wieder, zum Teil auch zu Recht, auf die rituellen jüdischen Beschneider verwiesen wurde, die ihr Handwerk doch aufgrund tausendjähriger Geschichte verstünden. Der von der Mehrheit beschlossene Gesetzesentwurf schaffe daher nach Auffassung ihrer Gegner keinerlei Rechtsklarheit.

Diese Rechtsauffassung bezüglich der Beschneidung von männlichen Kleinkindern aus rituellen Gründen muss daher als verfassungswidrig und damit rechtswidrig angesehen werden. Die körperliche Unversehrtheit eines Menschen ist das höchste Gut, das in den Grundrechten geschützt wird. Die Mütter und Väter des Grundgesetzes haben dies besonders vor dem Hintergrund der Gräueltaten im Dritten Reich gesehen. Und dieses Grundrecht kann niemals aus der Tatsache, dass auch das freie religiöse Bekenntnis in der Verfassung geschützt wird, als zweitrangig angesehen werden. Ansonsten würden unter Umständen auch weitere Eingriffe in die körperliche Unversehrtheit eines Menschen unter dem verfassungsmäßigen Rang einer Religionsausübung gesetzlich gerechtfertigt werden können, wie beispielsweise die Beschneidung von Mädchen.

Eine andere Person als der Betroffene selbst, in diesem Fall die Eltern des Kindes, können zu dem Eingriff in den Körper eines Menschen niemals eine berechtigte und von einem Gesetz gestützte Einwilligung geben. Das verbietet im Grunde genommen der menschliche Verstand, vor allem aber die ethische Auffassung. Man kann es nur noch einmal wiederholen. Wenn die körperliche Züchtigung eines Kindes durch seine Eltern gesetzlich verboten ist, kann die schwere körperliche Verletzung mittels Einwilligung der eigenen Eltern nicht gesetzlich erlaubt sein. Damit hat sich der Bundestag in eklatanter Weise selbst widersprochen und eine verfassungswidrige Regelung geschaffen.

Das für die Frage der Verfassungsmäßigkeit eines Gesetzes zuständige Bundesverfassungsgericht kann über die Rechtmäßigkeit der Beschneidungsregelung erst entscheiden, wenn ein Betroffener Verfassungsbeschwerde einreicht. Die sicherlich sehr zahlreichen Betroffenen, die gerne klagen würden, haben sich noch nicht auf diese Möglichkeit gestützt.

Beschneidung männlicher Säuglinge ist daher rechtswidrig

1. Jeder hat das Recht auf ... körperliche Unversehrtheit. Art 2 Abs w2, Satz 1 GG
2. Dieses Grundrecht steht verfassungsrechtlich unter dem gesetzesvorbehalt. Art 2 Abs 2 Satz 2 GG
3. Das Beschneidungsgesetz i.s. von § 1631 d BGB manifestiert diesen Gesetzesvorbehalt.
4. Eine (schwere) Körperverletzung mit Einwilligung der verletzten Person ist dann nicht rechtswidrig, wenn sie nicht gegen die guten Sitten verstößt. § 228 StGB.
5. Die Einwilligung muss somit von der verletzten Person gegeben werden.
6. Bei Einwilligungsunfähigen kann grundsätzlich der gesetzliche Vertreter im Rahmen seiner Vertretungsmacht die Einwilligung erteilen. § 228 StGB Rd.Nr. 2 Trondle/Fischer
Bei einem Betreuten, wie es dessen tatsächlichen Wohl entspricht.(§ 1901 BGB). Anm § 228 StGB RdNr. 2
Es ist mehr als fraglich, dass die Einwilligung der Eltern zur Beschneidung des männlichen Babys zum Wohl des Kindes bestimmt ist, nachdem ganz erhebliche Risiken bei der Beschneidung bestehen.
Das jüdische und islamische Ritual kann niemals als Wohl des Kleinkindes angesehen werden, zumal überhaupt nicht sicher ist, ob das Kleinkind später Mitglied dieser Religionsgemeinschaften bleiben will.

7. In diesem Fall konnte lediglich die Einwilligung des Betroffenen mit dem Trick der Einwilligung Dritter (der Eltern) erreicht werden.

Darauf hatte bereits die Minderheit des Parlaments hingewiesen.

Aus der Presse wird zwischenzeitlich berichtet, dass tatsächlich ein Betroffener seine Eltern wegen dieses Eingriffs verklagt hat. Es bleibt abzuwarten und dürfte sehr interessant werden, wie gegebenenfalls das Verfassungsgericht in dieser Sache entscheiden wird.

Ist es dem Gesetzgeber, dem obersten Repräsentanten der deutschen Bevölkerung nicht bekannt, dass Minderheiten in unserer Gesellschaft, z. B. unmündige Kinder, keine Fürsprecher haben und deswegen besonders schutzwürdig sind?

Gilt das im rechtsstaatlichen Sinne nicht umso mehr für schutzlose Kleinkinder?

4. Der Lobbyismus im Parlament

In der Bundesrepublik gibt es die schon mehrfach genannten drei Gewalten. Neben der Verwaltung und der Rechtsprechung ist die gesetzgebende Gewalt, das Parlament die wichtigste Gewalt, weil sie im Grunde genommen den Herrscher, nämlich das Volk, das seine Abgeordneten gewählt hat, repräsentiert. Wie sich der Staat, in diesem Fall der gesetzgebende Bundestag, über die in der Verfassung niedergelegten Grundsätze einfach hinwegsetzt, zeigt der bei uns immer mehr um sich greifende Lobbyismus. In der dritten Abteilung unserer Verfassung, des Grundgesetzes, ist in dem ersten Abschnitt über die bereits mehrfach genannte Gewaltenteilung in Art. 38 unter anderem festgelegt: „Sie (die Abgeordneten des Deutschen Bundestages) sind Vertreter des *ganzen* Volkes, an Aufträge und Weisungen nicht gebunden und nur ihrem Gewissen unterworfen". Heute sind es oftmals die Lobbyisten, die die Politik bestimmen.

Neben der Presse, die als vierte Gewalt bezeichnet wird, um vermeintlich die verfassungsrechtlichen Gewalten zu kontrollieren, spricht man jetzt bereits von einer fünften Gewalt, den Lobbyisten. So sitzen im Bundestag (im Jahr 2020) über 709 gewählte Volksvertreter. Auf jeden dieser Abgeordneten kommen ca. fünf Lobbyisten, eine früher kaum vorstellbare Zahl. Dieser Begriff „fünfte Gewalt" klingt zwar etwas hochgegriffen. Von dieser fünften Gewalt spricht aber mittlerweile kein Geringerer als der ehemalige Präsident des Bundesverfassungsgerichts, Hans-Jürgen Papier, in seinem Buch: „Die fünfte Gewalt. Lobbyismus in Deutschland".

Der Begriff des Lobbyismus geht zurück auf das Wort Lobby, was nichts anderes bedeutet als die Vorhalle eines Parlaments, einer gesetzgebenden Versammlung sowie eines Bundestages, in der sich früher die Interessenvertreter, die Lobbyisten, aufhielten, um mit den Abgeordneten beim Verlassen des Plenarsaales kurz ins Gespräch kommen zu können. In unserer Zeit würden sich derartige Interessenvertreter nicht mehr in der Vorhalle eines Parlaments aufhalten, um den gewünschten Abgeordneten ansprechen zu können. Heute haben sie direkten Zugang zu den Büros der Abgeordneten, soweit sie überhaupt noch einen persönlichen Kontakt anstreben. Die Lobbyisten haben eigentlich gar keine Fragen mehr an die Abgeordneten. Es geht ihnen auch nicht darum, ein persönliches Anliegen vorzubringen. Sie wollen Einfluss nehmen auf die Entscheidungsträger der gesetzgebenden Versammlung bzw. unmittelbar auch auf die Politiker.

Diese Interessenvertreter rekrutieren sich aus Unternehmensverbänden, aus Nichtregierungsorganisationen oder anderen Interessensverbänden sowie vermehrt auch größeren Unternehmen. Infolge der großen finanziellen Erfolge haben sich in der Zwischenzeit regelrechte selbständige Lobbyisten-Betriebe gebildet, die sich aus selbständigen Politikern, Beratern und Agenturen und sogar Rechtsanwaltskanzleien zusammensetzen. Die Rechtsanwälte sind dabei den anderen noch überlegen, da sie gegenüber den übrigen Interessensvertretern den Vorteil des gesetzlich verankerten Berufsgeheimnisses bieten. Dadurch sind sie geschützt vor den lästigen Fragen der Presse. Die einzige Aufgabe der Interessensvertreter ist es, Verbindungen zu den Entscheidungsträgern anzuknüpfen und Informationen zu erhalten. Dabei sind selbstverständlich die öffentlich zugänglichen Informationsquellen nur ein Aspekt. Wesentlich wichtiger sind die nicht öffentlich zugängigen Quellen. Die daraus erhaltenen Informationen werden dann im Sinne der Interessensverbände bzw. im Auftrag des interessierten Konzerns zu Stellungnahmen und Abänderungsvorschlägen an die Abgeordneten umgearbeitet.

Nur böse Zungen würden behaupten, dass die Abgeordneten in diesem Zusammenhang mit Geld bestochen werden. Eine solche Beeinflussung von Bundestags- oder Landtagsabgeordneten geschieht heutzutage viel subtiler. Da wird es mal ein Essen, mal eine private Fahrt, einen Urlaubsaufenthalt oder eine sonstige Vergünstigung geben, die eigentlich gar nicht auffallen.

Mancher Abgeordnete, der sich für die Belange der Allgemeinheit oder für die seines Wahlkreises wirklich ernsthaft, gewissenhaft und vertrauensvoll einsetzt, würde und wird diesen Lobbyismus mit folgendem Argument verteidigen: Wir Abgeordnete haben in vielen Dingen nicht das nötige Fachwissen und die erforderliche Kompetenz, die wir einfach benötigen, um im Sinne einer richtigen Entscheidung bei den Gesetzeserlassen abstimmen zu können. Diese Argumentation ist natürlich zunächst einmal nachvollziehbar. Auch die Ministerien, ja die gesamte Regierung, benutzen dieses Argument, was ja teilweise auch zutreffen mag. Einerseits wurde am öffentlichen Personal bereits in der Vergangenheit immer nur gespart. Andererseits war der Staat nicht in der Lage, wirklich kompetenten Sachbearbeitern, die den Lobbyismus überflüssig machen würden, eine finanziell angemessene Stellung im Staat anzubieten.

Diese Begründung kann daher zunächst durchaus ehrenwert erscheinen. Dennoch verkennt sie, dass es auch andere Erkenntnisquellen geben kann und gibt und dass der Einfluss der Wirtschaft hier immer stärker wird. In vielen wirtschaftlichen Situationen verfestigt sich immer mehr der Eindruck, dass nicht die Regierung, sondern die Wirtschaft entscheidet und die Regierung und ihre Minister im Grunde genommen nur noch regiert werden.

Eine besondere Form des Lobbyismus hat sich nämlich mittlerweile in den Ministerien, der obersten Exekutive, eingebürgert. Die Ministerialbürokratie in diesen Ministerien ist dazu da, Gesetze und alles, was zur Politikführung des Ministers wichtig erscheint, mit einem großen, sicherlich auch nicht ganz billigen Personalstand auszuarbeiten. Heute wird dies zum Teil von Lobbyisten und Beratern der Firmen ersetzt. Da kann es passieren, dass ein hochgestellter Ministerialbeamter eine Gesetzesinitiative oder eine andere wichtige Angelegenheit ausarbeitet, die für seinen Vorgesetzten, den Minister, von besonderer Bedeutung ist. Dieser Ministerialbeamter erhält aber die übliche – meistens nicht zu geringe – Besoldung nicht vom Staat, sondern direkt von seinem Auftraggeber aus der Wirtschaft, der ihn bezahlt. Dies kann und dürfte natürlich eine besondere Beeinflussung des Ministeriums darstellen, die mit rechtsstaatlichen Grundsätzen kaum vereinbar ist. Die Ausführung staatlicher Aufgaben wird zum Teil auch mit Hilfe externer Stellen durchgeführt, indem Berater mit einem Stundenlohn bis zu 12.000 Euro pro Tag (!) beauftragt werden.

Und wenn es solche Mitarbeiter nicht gibt, kann oder wird die möglicherweise bereits erfolgte Einflussnahme damit honoriert, dass der Minister, der Staatssekretär oder ein sonstiger hoher Beamter nach seinem Ausscheiden aus dem Ministerium anschließend einen lukrativen Posten in der Wirtschaft, d.h. in dem betreffenden Konzern erhält.

Fragwürdige verfassungsgerichtliche Entscheidungen

1. Richterliches Verlangen nach Gesetzesänderung

Die Bundesrepublik Deutschland ist nach ihrer Verfassung ein demokratischer Rechtsstaat, in dem die drei demokratischen Gewalten sich gegenseitig kontrollieren. Eine besondere Aufgabe kommt auch hierbei der Justiz zu. So ist das Bundesverfassungsgericht nicht nur berechtigt, sondern auch verpflichtet, ein vom Bundestag erlassenes Gesetz für rechtswidrig zu erklären, wenn es gegen das Grundgesetz verstößt. Es kann aber nicht Aufgabe des Verfassungsgerichts sein, Gesetze abändern zu lassen, wenn die Verfassungsrichter eventuell eine andere Meinung vertreten.

Der Mörder wird nach § 211 Abs. 1 des Strafgesetzbuches (StGB) mit lebenslanger Freiheitsstrafe bestraft. Die lebenslange Freiheitsstrafe ist mit dem Grundgesetz (GG) vereinbar, wie das Bundesverfassungsgericht selbst entschieden hat (BVerfGE 45/187). Dasselbe Gericht hat aber in der nämlichen Entscheidung festgestellt, dass der Grundsatz der Menschenwürde nach Art. 1 GG verlange, dass auch dem zu lebenslanger Haftstrafe Verurteilten die Chance verbleiben müssen, jemals wieder in Freiheit zu gelangen.

Die lebenslange Freiheitsstrafe bedeutet, wie es die Formulierung eigentlich unmissverständlich zum Ausdruck bringt, dass der Täter für das schlimme Verbrechen, das er begangen hat, nämlich einem anderen das Leben mit den Merkmalen des Mordes zu nehmen, den Rest seines Lebens hinter Gefängnismauern zu verbringen hat, damit die Gemeinschaft endgültig vor ihm geschützt und er selbst sich seiner rechtwidrigen Tat bewusst wird.

Das Bundesverfassungsgericht, das höchste Gericht in der Bundesrepublik Deutschland, hatte noch in einer seiner früheren Entscheidungen unmissverständlich festgestellt, dass die lebenslange

Freiheitsstrafe bei Mord bei sinnvollem Vollstreckungsvollzug durchaus verfassungsgemäß ist. Bei dieser Entscheidung hatte das Gericht aber bereits eine bedeutende Einschränkung gemacht, indem es davon ausging, dass das Rechtsstaatsprinzip eine Entlassungspraxis gesetzlich regeln müsse (BVerfGE 45, 187 ff).

Wenn jemand einen anderen aus einem der verwerflichen Motive für Mord tötet, d. h. ihm das Leben nimmt, weshalb soll dann dieser Täter, der sein Opfer unwiderruflich beseitigt hat, selbst weiterhin die Möglichkeit haben, nach frühestens 15 Jahren wieder entlassen zu werden, von Sicherungsverwahrung einmal abgesehen? Das Bundverfassungsgericht ist dieser Auffassung. In einer späteren Entscheidung hat das Verfassungsgericht diese Auffassung im Hinblick auf die Strafvollstreckungsbehörde noch verschärft (BVerfGE86, 288). Damit hat das Gericht, auch wenn es nach seinem Aufgabenbereich alle drei Gewalten zu überwachen hat, nach hiesiger Auffassung in unzulässiger Weise in die Rechte des Gesetzgebers eingegriffen. Dieser Eingriff in die Rechte des Bundestages wird nicht dadurch relativiert, dass der Bundestag kurze Zeit später, allerdings wohl lediglich auf Veranlassung des Bundesverfassungsgerichts, die Aussetzung des Strafrestes bei lebenslanger Freiheitsstrafe in § 57a StGB geregelt hat. Dies kann als ein unzulässiger Eingriff in die autonomen Rechte des Bundestages, der demokratisch gewählten Volksvertretung, angesehen werden. Diese hier vertretene Rechtsauffassung erscheint im ersten Moment als unangemessen und sogar überheblich. Allerdings haben dies auch kritische Juristen zurecht als „richterliche Rechtsfortbildung" und damit als „unzulässige Gesetzesänderung der Strafandrohung für Mord" angesehen (vgl. Kommentator Schmidt-Bleibtreu).

Das Bundesverfassungsgericht ist befugt, verfassungswidrige Gesetze als solche zu bezeichnen und eventuell für unwirksam zu erklären. Eine lebenslange Freiheitsstrafe nach § 211 StGB wegen eines begangenen Mordes ist nicht in jedem Fall verfassungswidrig und könnte in bestimmten Fällen im Gnadenweg verkürzt werden. Nach Auffassung des Bundesverfassungsgerichts verstößt es jedoch gegen die Würde des Menschen, wenn einem zu lebenslanger Freiheitsstrafe Verurteilten nicht per Gesetz die Chance verbleibt, jemals wieder in Freiheit zu gelangen. Was ist mit dem Opfer des Täters? Hat das Opfer unter Berücksichtigung der Würde des Menschen die Chance, nach längerer Zeit wieder am Leben teilzunehmen?

In unserer Gesellschaft werden zunehmend Täter, die durch besondere Brutalität auffallen, als Opfer gesehen, während man die eigentlichen Opfer der Straftat immer mehr aus den Augen verliert. Wenn der Gesetzgeber, auch heute noch, in § 211 StGB eine lebenslange Strafe wegen Mordes ausspricht, dann sollte diese Vorschrift auch so eingehalten werden und nicht als bloße Vorschriftshülle bestehen bleiben. Mit einem Mord verliert das Opfer sein Leben (endgültig), der Täter eventuell nur 15 Jahre seines Lebens plus X. Wenn man dieses Verhalten des Verfassungsgerichts zynisch betrachten wollte, könnte man argumentieren, der Täter hat zwar eine Tötung durch Mord mit besonderer Schwere begangen. Aber da er das Opfer unbedingt los sein wollte, hat er einerseits die Tat zwar begangen, weiß aber gleichzeitig, dass er wohl nach 15 Jahren wieder auf freiem Fuß sein wird. Ist dies im Hinblick auf die erforderliche Rechtsstaatlichkeit noch mit dem Anspruch auf Gerechtigkeit zu vereinen?

2. Rechtswidriges KPD-Verbot

Der Staatsgerichtshof in der Weimarer Republik, in etwa der Vorgänger des heutigen Bundesverfassungsgerichtes in Karlsruhe, wurde durch Gesetz vom 09.07.1921 für das Deutsche Reich errichtet. Durch ihn wurde die Zuständigkeit des Reichsgerichts in Leipzig insofern erweitert, als der neu erschaffene Staatsgerichtshof als Organ der Verfassungsgerichtsbarkeit insbesondere für Streitigkeiten zwischen dem Reich und den Ländern zuständig war. Mit dem Inkrafttreten der bundesdeutschen Verfassung, dem Grundgesetz, am 23. Mai 1949, wurde neben der Errichtung des neuen Bundesverfassungsgerichts gleichzeitig in Art. 92 des Grundgesetzes geregelt, dass die rechtsprechende Gewalt den Richtern anvertraut und unter anderem auch vom Bundesverfassungsgericht ausgeübt wird.

Das Bundesverfassungsgericht hat gegenüber dem früheren Staatsgerichtshof eine ungleich größere Kompetenz, festgelegt zunächst in Art. 93 des Grundgesetzes und ausführlich geregelt in den Vorschriften des Bundesverfassungsgerichtsgesetzes vom 12.03.1951. In § 13 dieses Gesetzes sind in 21 Vorschriften die einzelnen Zuständigkeiten des Verfassungsgerichts festgelegt, so unter anderem in § 13 Nr. 2, wonach das Gericht über die Verfassungswidrigkeit von politischen Parteien im Sinne von Art. 21 Abs. 2 des Grundgesetzes zu entscheiden hat.

Am 23. Oktober 1952, ein Jahr nachdem das Gericht am 7. September 1951 seine Arbeit aufgenommen hatte, musste das Bundesverfassungsgericht in seinem ersten Parteiverbotsverfahren über die Verfassungsmäßigkeit der Sozialistischen Reichspartei (SRP), einer nationalsozialistisch gesinnten Vereinigung, entscheiden. Die Bunderegierung hatte es zwar in diesem Fall nicht so eilig wie bei der KPD (siehe weiter unten). Es gab nämlich einen erheblichen Widerstand innerhalb der Regierungskoalition, die zu den rechtsgerichteten Gruppierungen nach wie vor ein ambivalentes, um nicht zu sagen sehr gutes Verhältnis hatte. Nachdem allerdings die Alliierten darauf drängten, zu einem Verbot der nazistischen SRP zu kommen, wollte die Regierungskoalition auf keinen Fall, dass nur die SRP verboten wird. Der erste Senat des Bundesverfassungsgerichts erklärte die SRP daraufhin für verfassungswidrig, womit diese Partei verboten wurde. Zur selben Zeit (November 1951), in der der Antrag von der Bundesregierung kam, die Partei SRP für verfassungswidrig zu erklären, war auch der Antrag unter der Regierung Konrad Adenauer eingegangen, die Kommunistische Partei Deutschland (KPD) für verfassungswidrig zu erklären. Diese Partei sollte nach Auffassung des Bundeskanzlers „...bis zum Untergang der Welt" verboten werden. Der Bundesinnenminister Robert Lehr forderte das Bundesverfassungsgericht auf, das Hauptverfahren gegen die KPD baldmöglichst zu eröffnen. Als Begründung wurde unter anderem „eine Flut von Propagandaaktionen, Demonstrationen und Hetzreden" genannt. (Solche Argumente würde die heutige Regierung gegen verfassungsfeindliche Gruppierung mit Sicherheit nicht mehr verwenden, weil sie erfolglos wären). Außerdem seien nach jüngsten, allerdings nicht bestätigten Berichten „... mit Waffen ausgerüstete Terrortruppen aus der Sowjetzone (der späteren DDR) in das Gebiet der Bundesrepublik eingeschleust worden, um ... Angriffe in der BRD zu führen".

Das Bundesverfassungsgericht, das offensichtlich von der Verfassungswidrigkeit der KPD nicht überzeugt war, führte daraufhin im Mai 1952 ein Spitzengespräch. Daran nahmen teil neben dem Präsidenten und Vorsitzenden des Ersten Senats der Berichterstatter (der für die Entscheidung federführende Jurist) für den politischen Prozess (KPD) sowie von Seiten der Bundesregierung Staatssekretär Ritter von Lex, Prozessbeauftragter für das Verbotsverfahren gegen die KPD. Es ist durchaus legitim und in anderen Gerichtsverfahren auch üblich, dass das Gericht die beiden Parteien des Verfahrens mit ihren jeweiligen Prozessvertretern zu einem Gespräch einlädt, um eventuell eine einvernehmliche Lösung des Rechtsstreites zu erreichen. Das Handeln des Bundesverfassungsgerichts entsprach aber in dieser Form keineswegs einem legalen Verfahren. Es war illegal. Denn die Beklagte, die KPD und/oder ein Prozessvertreter der KPD waren weder informiert, geschweige denn zu diesem Spitzengespräch eingeladen. Inhaltlich ging es zunächst um die Geschäftsverteilung innerhalb des Gerichts, anschließend aber auch um die Termine für die Eröffnung der Hauptverfahren.

Wäre es umgekehrt gelaufen, hätte das Gericht nur die beklagte Partei, die KPD, ohne die Bundesregierung zu diesem Gespräch eingeladen, wäre es zu einem Skandal größten Ausmaßes in der Bundesrepublik gekommen. Diese Machenschaften zwischen der Bundesregierung unter Konrad Adenauer und dem Bundesverfassungsgericht blieben sehr lange Zeit geheim. Im umgekehrten Fall hätte Bundeskanzler Adenauer von einem Abgrund an Landesverrat gesprochen, ähnlich wie bei der Spiegel-Affäre Anfang der sechziger Jahre des vorigen Jahrhunderts. So konnte man diese ganze – absolut unzulässige – Verfahrensweise geheim halten, die dann erst, nach Verzögerungsversuchen seitens des Gerichts, durch intensive Forschung in den Archiven des Gerichts publik wurde. Die Bundesregierung hatte wohlweislich die Akten jahrzehntelang unter Verschluss gehalten.

Wie unsicher der Erste Senat des Bundesverfassungsgerichts hinsichtlich des Verbotsverfahren gegen die KPD war, wurde schon dadurch deutlich, dass das Gericht fast fünf Jahre brauchte, um auf Druck der Bundesregierung endlich die KPD für verfassungswidrig zu erklären. Bis zum Ende des Verfahrens hatte das Gericht die Bundesregierung immer wieder gebeten, ihren Antrag auf Verbot der KPD zurückzunehmen. Die Bundesregierung verweigerte dies beharrlich. Andererseits hatte aber das Bundesverfassungsgericht offensichtlich nicht die Courage, im Sinne einer rechtsstaatlichen, gerechten Entscheidung den Verbotsantrag als unbegründet zurückzuweisen. So stellte daraufhin das Gericht am 17. August 1956 in seinem Urteil fest, dass die KPD verfassungswidrig sei. Das Gericht war sich offensichtlich darüber im Klaren, dass es ausschließlich auf Druck der damaligen Bundesregierung das Verbot der KPD aussprach.

Anders sind solche Sätze in der Urteilsbegründung des Verfassungsgerichts nicht zu verstehen, in denen es ebenso selbstherrlich wie schuldbewusst erklärt: „Das Bundesverfassungsgericht lässt sich in seiner richterlichen Entscheidung durch keinerlei (!) Einwirkung von außen – von wem auch immer sie kommen möge – beeinflussen. Das Bundesverfassungsgericht ist lediglich dem Gesetz unterworfen und entscheidet nur nach Gesetz und Recht." Absolute Selbstverständlichkeiten wie diese gehören mit

Sicherheit nicht in eine Urteilsbegründung. Später sind einige Richter des Bundesverfassungsgerichts noch deutlicher geworden und haben freimütig in der Öffentlichkeit ausgesagt, der Antrag der Bundesregierung auf Feststellung der Verfassungswidrigkeit der KPD sei „gar nicht … schlüssig begründet gewesen".

War das Bundesverfassungsgericht bei derartigen eigenen Erkenntnissen in diesem Parteiverbotsverfahren wirklich nur dem Gesetz unterworfen und hatte es nach rein rechtsstaatlichen Grundsätzen geurteilt? Nein!

Das Bundesverfassungsgericht bzw. einige seiner Vertreter haben diese Frage ziemlich eindeutig selbst beantwortet. (Im Gegensatz zur Adenauer-Regierung und dem Bundesverfassungsgericht hatten selbst die Nazis kein förmliches Parteiverbot gegen die KPD ausgesprochen.)

3. Verbot der NPD

Wie unterschiedlich das Bundesverfassungsgericht in an sich ähnlichen bzw. gleichgelagerten Fällen entscheiden kann, zeigt das von der Bundesregierung zu Recht angestrebte Verbotsverfahren gegen die NPD. Diese Partei hat in vielen Handlungen und Äußerungen klar und unmissverständlich zu verstehen gegeben, dass sie einerseits nicht auf dem rechtsstaatlichen Boden unserer Wertvorstellungen und den Prinzipien unserer Verfassung steht, andererseits allergrößte Sympathien für die Nationalsozialistische Deutsche Arbeiterpartei (NSDAP) im Dritten Reich hegte.

Wenn der zweite Senat des Bundesverfassungsgerichts auf einen Verbotsantrag hin erklärte, dass dem Verfahren gewichtige Gründe entgegenstehen, so dass das Verfahren gegen diese Partei einzustellen sei, so kann dem aus rechtsstaatlichen Gründen kaum widersprochen werden. Der Verfassungsschutz hatte in die

NPD Verbindungsleute eingeschleust, durch die die Partei von innen beobachtet werden sollte. Dabei sind diese V-Leute bis in die Vorstandsämter aufgestiegen. In diesem Fall konnte wirklich nicht mehr sachlich einwandfrei festgestellt werden, ob die Verfassungswidrigkeit bei den eigentlichen Parteimitgliedern selbst oder aber in den Personen der eingeschleusten V-Leute bestand.

Dennoch gibt die Verfahrenseinstellung auch zu Bedenken Anlass. Man darf sich durchaus zu Recht fragen, wie die Rechtswidrigkeit einer solchen Partei effektiv festgestellt werden soll. Anders als durch Verbindungsleute, die unmittelbar aus dem Inneren der Partei die notwendigen Gründe und Argumente für ein Verbotsverfahren liefern können, lässt sich eine Verfassungswidrigkeit oft schwerlich beweisen. Denn ohne die nachweislichen und überprüfbaren Gründe wird ein Verbot einer Partei kaum möglich sein, wenn man nur von den Erklärungen nach außen und den entsprechenden verfassungswidrigen Handlungen ausgehen kann. In dem Verbotsantrag gegen die Kommunistische Partei hatte das Bundesverfassungsgericht trotz erheblicher Bedenken anders entschieden.

Die Bundesregierung stellte daraufhin einen erneuten Antrag auf Verbot der NPD. Im Januar 2017 erließ dann das Bundesverfassungsgericht eine Entscheidung, die wiederum nicht überzeugte. Das Gericht lehnte nunmehr den Antrag auf ein Verbot ab. Es begründete seine Entscheidung damit, dass die NPD zwar eine verfassungsfeindliche Gesinnung habe, aber letztlich nicht verboten werden müsse, um nicht an öffentlichen Wahlen teilnehmen zu dürfen. Nach Auffassung des Verfassungsgerichts besitze die NPD nicht die Kraft und das Potential, die demokratischen Verhältnisse in der Bundesrepublik zu beseitigen. Dass die NPD aber anschließend noch an der üppigen Parteienfinanzierung partizipierte, interessierte das Gericht offensichtlich nicht. Denn eine Partei, die nicht für verfassungswidrig erklärt wurde, hat nach unserer Rechtsordnung immer noch Anspruch auf die Unterstützung durch den Staat auf Kosten des Steuerzahlers (auch wenn das Parteiengesetz später geändert wurde).

Diese Entscheidung ist aber auch nach rechtsstaatlichen Gesichtspunkten nicht mehr nachzuvollziehen: Auf der einen Seite bestätigt das Bundesverfassungsgericht ausdrücklich, dass diese NPD eine rechtsextreme Partei sei, die auch eindeutig eine verfassungsfeindliche Gesinnung verfolge. Andererseits wird ein Verbot gegen die Partei nicht ausgesprochen. Diese Partei besaß nach Auffassung des Gerichts derzeit nicht die Kraft und das Potential, die demokratischen Verhältnisse in der Bundepublik Deutschland zu beseitigen.

Es kann doch nicht eine zwingende Voraussetzung für ein Verbot sein, dass diese Partei aufgrund ihrer Einstellung und ihres geistigen Potentials tatsächlich in der Lage ist und die potentielle Kraft besitzt, einen Umsturz auch wirklich durchzuführen. Will man wirklich so lange warten, bis eine rechtsradikale Partei alle Kräfte sammelt, alle Vorbereitungen trifft, um dann legal, wie die Nazis mit Hitler, an die Macht zu gelangen?

Bekanntlich hatte ein Adolf Hitler am Anfang ebenfalls nicht das erforderliche Potential und erst einmal ganz klein in Hinterzimmern begonnen. Was daraus wurde, ist bekannt. Andererseits ist es doch auch völlig ungewiss, ob diese Partei nicht doch über kurz oder lang die Kraft zum Umschwung aufbringt, wenn sich beispielsweis die innerstaatlichen Verhältnisse bei Unruhen schlagartig ändern sollten. Zumindest kann eine solche Partei im Verborgenen kontinuierlich darauf hinarbeiten, die notwendigen Voraussetzungen für politische Unruhen zu erlangen. Dies kann noch umso wahrscheinlicher sein, als diese Partei mit staatlichen Mitteln (legitime staatliche Parteiengelder) zunächst mindestens weiterhin unterstützt wurde.

Wenn das Parlament später für diese verfassungswidrige Partei die Parteienfinanzierung untersagt, ist damit das Verhalten des Bundesverfassungsgerichts im Nachhinein gerechtfertigt? Nein!

4. Verbot anderer rechtsgerichteter Parteien?

Unter den genannten Voraussetzungen wäre selbstverständlich ein Verbot anderer rechtsgerichteter Parteien nach derartigen Kriterien niemals vom Bundesverfassungsgericht zu erreichen. Denn es ist festzustellen, dass unser Rechtsstaat sehr tolerant mit rechtsgerichteten Gruppierungen und Parteien umgeht, wie sich immer wieder anhand von ermittelten Sachverhalten ergibt. Spezialkräfte der Polizei durchsuchten die Wohnung eines Verdächtigen in Hessen, wo sie ein ganzes Arsenal von Waffen fanden, mit denen rechtsgerichtete Vereinigungen gerne in der Öffentlichkeit ihre Straftaten zu begehen versuchen. In der Wohnung wurden auch einige Nazi-Embleme sichergestellt, die in der Öffentlichkeit zu tragen verboten ist. Der Verdächtige und seine Freundin waren in Halle aufgefallen, als sie mit ihrem Auto Jagd auf Menschen machten und sie außerdem mit Steinen bewarfen. Die beiden, nunmehr angeklagt, gehören einer Neonazi-Gruppe an. Dass sie Nazi-Zeichen in ihrer Wohnung lagern, ist für die zuständige Staatsanwaltschaft nicht erheblich.

Man könne, so die Auffassung der Staatsanwaltschaft, nicht davon ausgehen, dass sie in der Öffentlichkeit getragen würden. Solange solche Abzeichen nur im Wohnbereich verwendet werden, sei das nicht strafbar und somit auch nicht erheblich. Die begangenen Taten hält die Staatsanwaltschaft für ebenfalls nicht relevant.

Häufig werden Verfahren – nicht nur gegen rechte Gruppierungen – eingestellt. Ein Mann, Mitglied eines Kampfsports in Rostock, hatte Presseleute mit den Worten bedroht: „Die Wahrheit oder eure Köpfe auf den Tisch". Die Staatsanwältin aus Rostock hält diese virtuelle Drohung für harmlos. Sie erklärt, damit werde kein zukünftiges Verbrechen angedroht, sondern lediglich sprichwörtlich zur wahrheitsgemäßen Berichterstattung aufgefordert. In derselben Weise hatten die Schlägertrupps eines Adolf Hitler in den zwanziger Jahren des zwanzigsten Jahrhunderts auch argumentiert. Eine Staatsanwältin aus Sachsen-Anhalt, die eine Strafanzeige eines Mannes zu bearbeiten hatte, der von einem stadtbekannten Rechtsgerichteten als „Krimineller" beschimpft worden war, teilte dem Anzeigenden mit: „Soweit Sie als Mitglied des Bündnisses ‚Halle gegen rechts' als Krimineller bezeichnet wurden, so ist diese Bezeichnung in die Alltagssprache eingegangen."

Ähnlich verhält es sich bis jetzt auch mit einigen Abgeordneten der AfD. Der ehemalige Abgeordnete K., bekannt für verfassungsfeindliche Ansichten, erklärte, er werde in seinen Pressemitteilungen keine Hassparole mehr gegen Muslime äußern. Er meint: „Gut, dann darf ich meine Umsturzfantasien eben künftig nicht mehr am Telefon ausleben". Dennoch befürwortete er wie sein Gesinnungsgenosse H., thüringischer Abgeordneter „eine Rechtlosstellung von Muslimen und Flüchtlingen". Die Staatsanwaltschaft unternimmt nichts dagegen. Wenn Abgeordnete von „Umsturzfantasien" reden, so ist das alles nach Auffassung unserer bundesdeutschen Justiz und ihrer Staatsanwälte rechtsstaatlich mit der Meinungsfreiheit zu rechtfertigen?

Die AfD ist als Partei insgesamt scheinbar nicht bereit, sich von bestimmten Ideologien rechtsgerichteter Parteien zu distanzieren. So bekämpft sie nach wie vor gegnerische Parteien, aber nicht damit, dass sie überzeugende Argumente entgegenhält. Für sie ist die Gegnerschaft gegen andere Parteien nur dann erfolgreich, wenn diese Parteien verschwunden sind. Sie selbst nennen das verklausuliert: „Erneuerung des Systems". Widersprechende Entscheidungen werden von ihr grundsätzlich nicht akzeptiert. In ihrem Menschenbild vertritt sie in Vielem rechtsgerichtete Auffassungen, wenn sie propagiert: „Der Einzelne ist nichts; das Volk ist alles". Das sind Parolen, mit denen die Nazis unter Hitler 1933 legal an die Macht gelangten.

Auch die von der AfD geduldeten und von einigen Mitgliedern intensiv geführten Bestrebungen zeigen diese deutliche Tendenz. Wenn ein H. der im thüringischen Landtag sitzt, alles unternimmt, um Demonstrationen zu veranstalten, dann könnte dies ja durchaus als legal bezeichnet werden, da solche Demonstrationen, ordnungsgemäß angemeldet, absolut legitim sind. Dem Landtagsabgeordnet geht es aber vermutlich darum, eine auf Extremismus offene Mischgruppierung für seine politischen Ziele zu etablieren, die sich aus ganz normalen Staatsbürgern, aus AfD-Mitgliedern, aus Neonazis und aus Hooligans zusammensetzen. Damit soll vermutlich eine aggressive Vereinigung von Gruppen geschaffen werden, die bei rechtsstaatlichen Eingriffen auch zu Gewaltanwendungen bereit sind. H. „... will keine multikulturelle Gesellschaft, da multikulturelle Gesellschaften multikriminelle Gesellschaften sind". Später hat er versucht, dies als eine „plakative Formel" abzutun. Deutlicher wird sein ehemaliger Fraktionskollege Oskar Helmerich.: „Wenn H. Oberhand bekommt, wird es für die Demokratie bedrohlich". Der Einzug ins Parlament sei nach H. „Mittel zum Zweck". Nach Helmerich sollen die Mechanismen der Demokratie genutzt werden, um diese zu überwinden.

Mit dieser Argumentation hört man förmlich einen Hitler sprechen, der immer wieder betonte, nach seinen vergeblichen Umsturzversuchen könne er die Macht nur auf legalem Weg erringen. Es sei ihm (Helmerich) klar geworden, mit welcher Intensität H. die Radikalismen vorantreibe. Ihr anerkannt rechtsextremes Mitglied H. hat in aller Öffentlichkeit bereits erklärt, das Mahnmal in Berlin zum Gedenken an die Millionen von den Nazis umgebrachten Juden sei ein Schandmal. Der anschließende Rechtfertigungsversuch, er wolle damit lediglich sein Bedauern für den Holocaust zum Ausdruck bringen, konnte nicht überzeugen. Dafür sind seine dümmlichen Bemerkungen umso aufschlussreicher, wonach „... der Frostschutz vor Frost (schütze), der Verfassungsschutz ... die Regierung vor der Verfassung (schütze)".

Auch der Parteivorsitzende Alexander G. hat mit seiner Bemerkung, das Dritte Reich sei innerhalb der 1000-jährigen Geschichte der Deutschen nur ein „Vogelschiss", den Holocaust und die

Nazi-Gräuel im Grunde genommen verharmlost und damit öffentlich in Frage gestellt, was eigentlich strafbar ist. Einen „Vogelschiss" hat jeder von uns schon erlebt, entweder in der freien Natur oder morgens beim Wegfahren auf der Kühlerhaube seines Autos. Ein solcher „Vogelschiss" ist etwas derart Belangloses, dass man so etwas, wenn es passiert, einfach mit einem Papiertaschenbuch wegwischt. „Nach Auffassung von Gauland muss in derselben Weise auch mit den Verbrechen der Nazis umgegangen werden, einfach wie einen „Vogelschiss" wegwischen, dann ist die Sache, z. B. der von den Nazis begangene Holocaust, erledigt.

Eine besonders verwerfliche Äußerung aus den Reihen der AfD wird Ende September 2020 in der Öffentlichkeit bekannt: Der (ehemalige) Pressesprecher der AfD Christian L. erklärt laut den Medien: „Die AfD ist wichtig; und das ist halt schizophren, das haben wir mit G. lange besprochen: je schlechter es Deutschland geht, desto besser für die AfD". Und auf die Flüchtlingsfrage angesprochen, fährt Lüth fort: „Wir können die nachher immer noch alle erschießen, das ist überhaupt kein Thema, oder vergasen, oder wie du willst, mir egal". Dieser Pressesprecher wurde nunmehr fristlos entlassen.

In Baden-Württemberg kommt es zu ähnlichen kriminellen Auswüchsen. Die Fraktion im Stuttgarter Landtag schließt den Abgeordneten Stefan R. aus ihrer Fraktion aus. Er soll zum gewaltsamen Umsturz der Regierung aufgerufen haben.[6]

Ob unsere Gesellschaft, unsere Regierung oder unsere Justiz sich wirklich einmal mit diesem immer brisanter werdenden Problem beschäftigen wird, bleibt bei der derzeitigen Einstellung der deutschen Justiz fraglich. Mittlerweile kann immer wieder festgestellt werden, dass sie gegen Beleidigungen nicht mehr vorgeht, weil sie dies, so ihre eigene Auffassung, für eine Alltagsprache hält.

---

6 zitiert nach Merkur vom 29.09.2020

Dies beklagt kein geringerer als der ehemalige Bundestagspräsident Norbert Lammert. In einem Interview mit der Süddeutschen Zeitung äußerte er sich dazu: „Ich sehe mit großem Unbehagen, dass sich die Justiz oft vor der Rolle drückt, die sie allein spielen kann: Nämlich die Frage des Zulässigen und des Unzulässigen im konkreten Fall auszuloten. Stattdessen werden die meisten Verfahren eingestellt oder gar nicht eröffnet. Und zum Teil mit der absurden Begründung, es handele sich um eine virtuelle Bedrohung und nicht um eine tatsächliche. Das legt die beinahe zynische Vermutung nahe, dass die Strafbarkeit erst offenkundig wird, wenn der Regierungspräsident (Lübke) tatsächlich und nicht virtuell erschossen wird". Und Lammert fährt fort: „Im Fall Künast sind die Richter eines deutschen Gerichts zum Schluss gekommen, dass ‚alte perverse Drecksau' keine Beleidigung sei, sondern von der Meinungsfreiheit gedeckt ist". Und er schließt seine Auffassung mit der vernichtenden Bemerkung: „Wenn das keine Beleidigung ist, dann ist der vom Gesetzgeber definierte Straftatbestand der Beleidigung von der Justiz abgeschafft. Dafür habe ich kein Verständnis. Die Enthemmung der Sprache entlädt sich in brutaler Gewalt".[7]

Ist unsere Justiz eigentlich noch daran interessiert, die Verfassung mit den wichtigen Grundwerten aus dem Grundgesetz zu schützen und zu verteidigen?

5. Meinungsfreiheit als Freibrief

Für diese Auffassungsänderung scheint auch ein weiteres Urteil des Bundesverfassungsgerichts zu sprechen, das diese freie Meinungsäußerung als offensichtlich so hochstehend und damit nicht mehr als angreifbar ansieht, und somit die Meinung Lammerts nur noch zu bekräftigen scheint.

---

[7] zitiert aus SZ vom 7./8.März 2020, Seite 7

Das Bundesverfassungsgericht, der erste Senat, hat am 10. Oktober 1995 entschieden, die Verwendung des Zitats von Kurt Tucholsky, „Soldaten sind Mörder", sei gegenüber Soldaten der Bundeswehr nicht in jedem Fall eine Beleidigung, sondern es müsse einerseits zwischen dem Ehrenschutz und der im Grundgesetz ebenso garantierten Meinungsfreiheit andererseits abgewogen werden. Diese Aussage „Soldaten sind Mörder" stammt aus dem publizierten Aufsatz „Der bewachte Kriegsschauplatz", den Kurt Tucholsky 1931 verfasst hatte. Der verantwortliche Redakteur dieses Aufsatzes war Carl von Ossietzky, der daraufhin ein Jahr später wegen Beleidigung der Reichswehr angeklagt wurde. Das damalige Gericht sprach ihn 1932 frei und begründete seine Entscheidung mit dem Argument, dass keine konkreten Personen gemeint gewesen seien und im Übrigen eine unbestimmte Gesamtheit nicht beleidigt werden könne.

Diesen Satz benutzten vor allem nach dem Kriege Pazifisten und andere Gruppen gerne, um gegen Kriege in aller Welt, aber auch in Europa und in Deutschland und gegen die Aufstellung der deutschen Bundeswehr schlagfertig zu argumentieren. Die Befürworter dieser Aussage waren sicherlich in der Mehrheit, auch wenn es einzelne gab, die den Satz als reine Provokation und damit strafbare Beleidigung der im Dienst stehenden Soldaten auffassten.

So konnte es nicht ausbleiben, dass sich schließlich das Bundesverfassungsgericht in Karlsruhe mit dieser Frage auseinandersetzen musste und dabei zu dem oben angeführten Ergebnis gelangte. Ergänzend muss noch darauf hingewiesen werden, dass zum einen die Weimarer Republik im Dezember 1932 per Notverordnung den § 134 a in das Strafgesetzbuch einfügte, wodurch ein besonderer Ehrenschutz für die Soldaten der Reichswehr geschaffen wurde. Darüber hinaus haben die Nationalsozialisten noch den § 134b StGB hinzugefügt, der als spezieller Ehrenschutz für die NSDAP gedacht war. Beide Vorschriften wurden nach dem Krieg von dem Alliierten Kontrollrat aufgehoben.

Im Jahr 1941, im Dritten Reich, wurde der § 211 des Strafgesetzbuches (Bestrafung wegen begangenen Mordes), auch aus Gründen, um die „Heimatfront" zusätzlich zu schützen, von den Nazis geändert. Bisher lautete die Vorschrift über Bestrafung des Mörders: „Wer vorsätzlich einen Menschen tötet, wird, wenn er die Tötung mit Überlegung ausführt, wegen Mordes mit dem Tode bestraft."

Die jetzt noch geltende Definition „Mord" wurde von den Nazis verschärft: (Abs. I) „Der Mörder wird mit lebenslanger Freiheitsstrafe bestraft.") Abs. II „Mörder ist, wer aus Mordlust, zur Befriedigung des Geschlechtstriebs, aus Habgier oder sonst aus niedrigen Beweggründen, heimtückisch oder grausam oder mit gemeingefährlichen Mitteln oder um eine Straftat zu ermöglichen oder zu verdecken, einen Menschen tötet."

Diese Vorschrift des § 211 StGB gilt mit diesem Wortlaut auch heute noch im Strafgesetzbuch der Bundesrepublik. Der Bundestag erließ nach der Notwendigkeit, für den Verteidigungsfall gerüstet zu sein, das Gesetz zur Ergänzung des Grundgesetzes. Die Notstandverfassung selbst regelt eine Reihe von Notmaßnahmen, unter anderem den Verteidigungsfall, d. h. den äußeren Notstand im Sinne der Art. 115a bis Art. 115l des Grundgesetzes. In diesen Vorschriften ist nirgends davon die Rede, dass die Bundesrepublik Deutschland einen Angriffskrieg führen dürfte, könnte oder würde. Für die Notwendigkeit der Tötung eines gegnerischen Soldaten hat sich der damalige verteidigungspolitische Sprecher der SPD in dem Sinne geäußert: „Streitkräfte sind ein konstitutives Element der wehrhaften Demokratie. Damit ist die Tötung, die ein Soldat (der Bundeswehr) im Verteidigungsfall vornehmen muss, gerechtfertigt". Diese Auslegung ist überzeugend und durchaus akzeptabel. Die Abwehr eines Angriffskrieges mittels der Tötung eines gegnerischen Soldaten spricht nicht davon, dass dies mittels eines Mordes im Sinne der heutigen Vorschrift des § 211 geschehen solle. Sämtliche Merkmale, die die Tötung zu einem Mord qualifizieren, liegen in diesem Fall nicht vor, selbst wenn dies im außergewöhnlichen Einzelfall sogar zutreffen könnte. Der Soldat, der auf einen gegnerischen

Soldaten schießt, will ihn nicht unbedingt töten, auch wenn er dies natürlich zu seinem eigenen Überleben in Kauf nimmt. Damit ist dann aber nur eine vorsätzliche Tötung im Sinne des § 212 des Strafgesetzbuches „Wer einen Menschen tötet, ohne Mörder zu sein ..." gegeben. Dem Soldaten wird es im Verteidigungsfall in erster Linie darum gehen, den Gegner kampfunfähig zu machen. Damit kann aber keinesfalls unterstellt werden, dass der Soldat den Gegner auf jeden Fall nach den Kriterien des Mord-Paragrafen ermorden will. Die Kriterien eines Mörders im Sinne von § 211 StGB sind, wie bereits angedeutet, nicht gegeben. Neben der fehlenden Mordlust bis zu den nicht vorliegenden niedrigen Beweggründen sind auch die sonstigen Voraussetzungen nicht vorhanden. Der Soldat versucht auch nicht, heimtückisch den Gegner auszuschalten, sondern ist lediglich bestrebt, den Angriff abzuwehren, notfalls auch mit den Mitteln einer Tötung. Die Feststellung darf und muss deshalb einzig als korrekt und richtig angesehen werden, dass der Soldat, der seine Wehrverpflichtung im Sinne des erfolgten Auftrages ordnungsgemäß ausführt, keinen Mord im Sinne von § 211 des Strafgebesetzbuches begeht und deswegen auch kein Mörder sein kann.

Das Bundesverfassungsgericht prüft die Frage zunächst durchaus zulässig auch an der Frage, ob eine solche artikulierte Meinung: „Soldaten sind Mörder", eventuell als grundgesetzlich geschützte Meinungsäußerung anzusehen ist, die unter Umständen höher zu bewerten sei. Die Ehre des Menschen oder auch von Personengruppen ist durch einige Vorschriften des Strafgesetzbuches unter einen besonderen Schutz gestellte und der Verstoß dagegen wird sanktioniert. Sie ist aber nicht wie die freie Meinungsäußerung durch einen besonderen Grundrechtsschutz geschützt.

Die entscheidende Frage ist daher, kann eine solche Behauptung „Soldaten sind Mörder" als ein Werturteil für zulässig und damit als statthaft gehalten werden, so dass eine Beleidigung mit diesem Zitat ausscheidet, da ja die freie Meinungsäußerung als individuelles Grundrecht nach Art. 5 des Grundgesetzes im besonderen

Maße geschützt ist? Unsere Verfassung hat diese Einschränkung bereits selbst gesehen und festgelegt:

„Diese Rechte (Freie Meinungs- und Pressefreiheitsrechte) finden ihre Schranken in den Vorschriften der allgemeinen Gesetze und in dem Recht der persönlichen Ehre" (Art. 5 Abs. 2GG).

Das Bundesverfassungsgericht hat diesbezüglich dagegen schon frühzeitig festgestellt, dass die Strafvorschriften, die zum Ehrenschutz notwendig sind, dann nicht zu einer unzulässigen Beschränkung der Meinungsfreiheit führen können, solange die kränkende Ausdrucksform nicht in anderer Weise die ausgedrückte freie Meinung artikulieren kann (BVerfGE 42/143).

Soldaten führen in ihrer beruflichen Tätigkeit Befehle aus, die für einen Pazifisten oder einen strikten Gegner jeglicher militärischen Tätigkeit absolut unvereinbar mit ihren eigenen Grundsätzen für ein friedliches Zusammenleben aller Menschen sein mögen. Ganz abgesehen davon, dass ein friedliches Zusammenleben aller Menschen von vornherein absolut realitätsfremd ist. Die Aussage „Soldaten sind Mörder" ist dann doch durchaus mit der Formulierung zu vergleichen, der Führung des Militärs oder den Generälen oder eventuell auch dem Verteidigungsminister als oberstem Militärführer sei Anstiftung zum mehrfachen Mord anderer vorzuwerfen.

Die vom Bundesverfassungsgericht zu beurteilende Äußerung könnte man durchaus auch als eine Schmähung Dritter angesehen werden. Bei einer derartigen Beleidigung tritt trotzdem nach Auffassung des Gerichts in einer späteren Entscheidung der Schutz von freier Meinungsäußerung regelmäßig hinter dem Persönlichkeitsschutz zurück (BVerfGE 82, 272; vgl. auch BVerfGE 66, 151).

Auch wenn das höchste Gericht der Bundesrepublik in einer Entscheidung die Auffassung vertritt, das Zitat: „Soldaten sind Mörder" sei keine Ehrverletzung, ist dies mit der heutigen Strafvorschrift des § 211 StGB nicht vereinbar.

Die Vorschrift des § 211 StGB in der ursprünglichen Fassung von 1872 könnte allenfalls diese verfassungsgerichtliche Auffassung rechtfertigen, nicht aber die jetzige Formulierung des § 211 StGB.

Rechtswidrigkeiten allgemein in Deutschland

1. Richter droht mit Körperverletzung

Ein bayerischer Querkopf, der wegen der sprichwörtlichen Mentalität dieser liebenswerten Bevölkerung sicherlich noch häufiger in Bayern anzutreffen ist, hatte sich 1958 mit der Handwerkskammer für München und Oberbayern angelegt. Weil er sich über die aus seiner Sicht etwas dümmliche Bürokratie geärgert hatte, war ihm vorgeworfen worden, einen Fragebogen der Behörde nicht richtig ausgefüllt zu haben. Er habe durch seine falschen Angaben zusätzlich als Geschäftsführer einer GmbH auch seiner Gesellschaft Schaden zugefügt. Seine „Verfehlungen" wurden darin gesehen, dass er lediglich am Rand neben den Fragen bemerkte, dass er diese für albern und überflüssig halte.

Die Handwerkskammer belegte sein Verhalten mit einem Bußgeld, weil er die gestellten Fragen nicht ordnungsgemäß ausgefüllt habe. Die bayerische Staatsanwaltschaft erhob, nachdem das Bußgeld wegen Insolvenz nicht beigetrieben werden konnte, Anklage wegen Untreue, weil er der Gesellschaft, deren Vermögensinteressen er zu betreuen hatte, einen Nachteil zugefügt habe. Eine bereits in diesem Stadium völlig absurde Anklage. Denn sie beruhte nach der Zulassung zur Hauptverhandlung durch den Richter am Landgericht auf reiner Willkür. In dem Strafverfahren zweifelte der Richter den Verstand des Geschäftsführers an, weil er amtliche (!) Fragebögen mit „ungenügenden, zynischen und völlig sinnlosen Vermerken" versehen habe. Der Richter ging sogar so weit, eine ärztliche Untersuchung des Angeklagten wegen Unzurechnungsfähigkeit anzuordnen. Der zuständige Gerichtsarzt konnte zwar keinerlei Anhaltspunkte für eine Krankheit des Geschäftsführers feststellen, wollte aber offensichtlich auf Veranlassung des

Gerichts dennoch eine Blutuntersuchung nach der Entnahme einer Gehirn- und Rückenmarkflüssigkeit durchführen. Der Angeklagte weigerte sich verständlicherweise, nachdem diese Art der Untersuchung als Körperverletzung zu schweren Beeinträchtigungen hätte führen können. Daraufhin ordnete der Richter die zwangsweise Untersuchung in der Nervenklinik der Universität München an.

Wegen eines schwerwiegenden Verfahrensfehlers, Verletzung des rechtlichen Gehörs bei Erlass des Gerichtsbeschlusses, legte der Angeklagte Verfassungsbeschwerde ein mit der Begründung, beide Maßnahmen, sowohl die Entnahme von Gehirnflüssigkeit als auch von Rückenmarkflüssigkeit, hätte nicht nur unangenehme, sondern auch gefährliche Folgen. Nach dem medizinischen Wissensstand können beispielsweise bei einer Lumbalpunktion, einer Punktierung (Stechung mit der Nadel) in den Lendenwirbelkanal schwerwiegende Gesundheitsschäden eintreten, auch wenn es normalerweise als (angeblich) ungefährlich angesehen wird. Die Okzipitalpunktion, bei der in den Hinterkopf gestochen wird, sei im Allgemeinen weniger schmerzlich.

Das Bundesverfassungsgericht prüfte die eingelegte Beschwerde sehr sorgfältig und bestätigte die Befürchtungen des Betroffenen vollinhaltlich. Nach seiner Auffassung seien die Entnahme von Gehirn- und Rückenmarkflüssigkeit mit einer langen Hohlnadel ein erheblicher operativer Eingriff in die körperliche Unversehrtheit (BVerfGE 16, 198). Der Amtsrichter und auch das Landgericht hätten sich ohne große Mühe diese Informationen, die dem Verfassungsgericht vorlagen, ohne weiteres selbst besorgen können, waren aber offensichtlich an dieser Information nicht im Geringsten interessiert. Diese Uneinsichtigkeit der Richter der unteren Instanzen macht wieder einmal deutlich, dass manche Richter glauben, in ihrer Überheblichkeit, Arroganz und gesetzlich normierten Unangreifbarkeit über alles Bescheid zu wissen, was rechtmäßig ist und was nicht. Einfacher ausgedrückt, es handelt sich dabei um eine richterliche Schikane, die die Gesetzeslage und die Verfahrensordnung niemals zulassen.

Dass die körperliche Unversehrtheit nach Art. 2 Abs. 2 Satz 1 GG eines der höchsten Grundrechte in unserer Verfassung ist, war diesen Richtern zwar bekannt, aber unerheblich.

Das Bedenkliche daran ist, dass derartige Richter an ihrer eigenen Unfehlbarkeit nicht einmal zweifeln.

2. Verstoß gegen internationalen Artenschutz

Nach § 329 Abs. 3 Strafgesetzbuch (StGB) macht sich strafbar, „wer entgegen einer zum Schutz eines ... Nationalparks erlassenen Rechtsvorschrift Tiere einer im Sinne des Bundesnaturschutzgesetzes besonders geschützten Art tötet". Er wird mit Freiheitsstrafe bis zu fünf Jahren oder Geldstrafe bestraft. Nach § 330 StGB gilt in besonders schwerem Fall einer Umweltstraftat für eine vorsätzliche Tat eine Strafandrohung von einer Freiheitsstrafe von sechs Monaten bis zu zehn Jahren. Ein besonders schwerer Fall liegt in der Regel vor, wenn der Täter einen Bestand von Tieren „... der vom Aussterben bedrohten Arten nachhaltig schädigt" (§ 330 Abs. 1 Nr. 3 StGB).

Das Bundesnaturschutzgesetz bildet in der Bundesrepublik Deutschland die rechtliche Grundlage für die Schutzgüter Natur, Landschaft und Landschaftspflege. Es wurde am 20.12.1976 vom Bundestag erlassen und zuletzt am 13.3.2020 geändert.

Dieser Artenschutz gilt zunächst für die heimischen Tierarten, obwohl der weltweit propagierte und mit Strafen sanktionierte Artenschutz auch für viele vom Aussterben bedrohte Tierarten allgemein gilt. Die Bundesregierung, die den Artenschutz in ihrem Geltungsbereich mit strengen Strafen zu schützen versucht, erlaubt gleichzeitig, dass Tiere nach dem allgemeinen Artenschutz in der Welt zum Spaß (aus der perversen Lust am Töten) getötet, in die BRD eingeführt, verkauft oder ausgestopft an die Wand gehängt werden dürfen.

Auf der Messe „Jagd und Hund" in Dortmund 2019[8] wurden die Jagdreisen auf die geschützten und die vom Aussterben bedrohten Tiere zum Preis bis zu 60.000 Euro angeboten. Angeblich sei dieser Jagdtourismus ein wichtiges Instrument zur Erhaltung der bedrohten Arten, nachdem manchmal geringe Teile des Geldes an afrikanische Ortschaften gespendet würden. 2019 wurden nach Deutschland ungefähr 750 Trophäen von artgeschützten Wildtieren aus der ganzen Welt eingeführt. Darunter unter anderem zwei abgeschossene Breitmaulnashörner, 31 Flusspferde, mindestens 16 afrikanische Elefanten, 13 Löwen und 32 Leoparden. Zuständig für diese „legal ausgeübte Wilderei" war bis 2016 ein ehemaliger Abteilungsleiter im Bundesamt für Naturschutz.

Bekannt ist, dass man für Trophäenverkauf hohe Einnahmen erzielen kann, besonders für das Horn der Nashörner, die im besonderen Maß vom Aussterben bedroht sind.
Die Tierschützer demonstrierten und protestierten zu Recht auf der Jagdmesse in Dortmund 2020 mit der Forderung, die Auslandsjagden müssten von der Regierung sofort gestoppt werden. Das von der Behörde gebrachte Gegenargument, der Bundesnaturschutz gelte nur für die Bundesrepublik Deutschland, ist nicht überzeugend. Einerseits wird der allgemeine Artenschutz für die bedrohten Tiere auf der ganzen Welt propagiert. Wenn Deutschland die Einfuhr aus allen Ländern der Welt ganz offen gestattet, unterstützt die Bundesregierung damit ausdrücklich die Vernichtung des geschützten Artenschutzes.
Die Wilderei auf der ganzen Welt damit zu unterstützen und ausdrücklich gutzuheißen, kann nicht richtig sein. Andererseits kann diese Einstellung nicht rechtmäßig sein. Das Bundesverfassungsgericht hatte kürzlich (2020) in einer Entscheidung festgestellt, dass der Bundesnachrichtendienst auch ausländische (!) – nicht deutsche – Journalisten nicht unbegrenzt überwachen darf, ine durchaus akzeptable Entscheidung. Dann kann es rechtlich

---

8 zitiert nach ZDF, Frontal vom 26.05.2020

nicht haltbar sein, dass Wilddiebe außerhalb Deutschlands, noch dazu, wenn es sich um deutsche Staatsbürger handelt, nicht auch bestraft werden könnten, wenn sie vom Aussterben bedrohte Wildtiere lediglich aus Lust am Töten umbringen und die Trophäen auch noch nach Deutschland zum Verkauf einführen. Die Tiere können selbstverständlich keine Verfassungsbeschwerde wie ausländische Journalisten vor dem Bundesverfassungsgericht einreichen. Und ob sich jemals ein ausländischer Staatsbürger mit einer derartigen Beschwerde an das Gericht wenden wird, ist ausgesprochen unwahrscheinlich. Es ist aber sicherlich nicht abwegig, der Bundesregierung vorzuwerfen, dass sie fortwährend gegen den Artenschutz in der ganzen Welt verstößt und ihn durch die erlaubte Einfuhr der unter Schutz stehenden Tiere nach Deutschland sogar noch sabotiert.

Insoweit ist das Bundesnaturschutzgesetz im Grunde genommen nicht ehrlich sondern eine vorgeschobene Begründung, die Artenvielfalt auf der Welt schützen zu wollen.

3. Verschleuderung von über 500 Millionen Euro

Der Sachverhalt dürfte dem Leser bekannt sein: Bundesinnenminister Seehofer, damals noch CSU-Parteiführer und bayerischer Ministerpräsident, hatte seinerzeit seine beiden früheren CSU-Landtagsabgeordneten, zuerst Bundesverkehrsminister Dobrindt, anschließend Bundesverkehrsminister Scheuer angewiesen, ultimativ und ohne Abstriche dafür zu sorgen, dass in Deutschland eine allgemeine Maut auf Autobahnen eingeführt wird. Der damalige Verkehrsminister Dr. Peter Ramsauer, ein hervorragender Jurist, hatte Herrn Seehofer wiederholt eindringlich darauf hingewiesen, dass die EU und auch der EUGH dies niemals zulassen werden. Dennoch hat das Verkehrsministerium sämtliche Verwaltungsanstrengungen unternommen, die Maut für Deutschland durchzusetzen.

Herr Scheuer hatte, als die ablehnende Entscheidung des EUGH sich bereits abzeichnete, schon vorher mit Mautbetreibern Verträge abgeschlossen, deren Kosten sich mittlerweile auf über 500 Millionen Euro belaufen. Die Bundesrepublik Deutschland muss nun mit hohen Schadensersatz-Zahlungen rechnen.

Nun ist bekannt geworden, dass Herr Scheuer den Bundestag, die Bundesregierung und die Öffentlichkeit auch in anderer Hinsicht getäuscht hat. Um die Kosten des Prestigeobjekts Maut unter zwei Milliarden zu halten, die der Bundestag nur in dieser Höhe genehmigt hatte, hat der Verkehrsminister gegen das Vergaberecht und gegen das Haushaltsrecht verstoßen. Herr Scheuer hatte zwar immer wieder behauptet, es sei alles mit rechten Dingen und ganz transparent zugegangen. Wörtlich erklärte er: „Ich habe auch immer gesagt, schauen Sie auf die Homepage meines Ministeriums, auch für alle Bürger zugänglich, dass alle Dokumente offengelegt wurden, die rechtlich vertretbar sind." (Originalton Andreas Scheuer in ARD, Report Mainz am 26.05.2020).

Das heißt doch zunächst einmal im Klartext, die Dokumente, die rechtlich *nicht* vertretbar sind, sind auch *nicht* offengelegt worden. Aus den internen Unterlagen, die Report-Mainz zugespielt wurden, ergibt sich nunmehr folgendes Bild: im November 2018 sollten die Maut-Verträge so schnell wie möglich unterschrieben werden. Nur noch ein Bieter, das Konsortium Kapsch und Eventim, verlangte allerdings für die gesamten Arbeiten usw. drei Milliarden Euro, obwohl lediglich zwei Milliarden genehmigt waren. Darauf kam es zu Nachverhandlungen, die nach deutschem Vergaberecht bei einem endgültigen Angebot unzulässig sind. Der renommierte Staatsrechtler Prof. Dr. Joachim Wieland erklärt dazu: „Wenn man jetzt mit einem einzigen Anbieter weiterverhandelt, so ändert man die Wettbewerbsbedingungen. Es liegt keine Chancengleichheit mehr vor. Das ist ein Verstoß gegen das geltende Vergaberecht, und zwar ein eklatanter Verstoß".

Auch der Bundesrechnungshof wurde massiv getäuscht. Auf die Frage, weshalb die Vereinbarung dem Bundestag nicht gemeldet wurde, wurde lediglich erwidert, eine Haushaltsanmeldung sei nicht möglich gewesen. Zum Zeitpunkt des Abschlusses stand noch nicht fest, dass sich der Betreiber (der Mautanlage) der Toll-Collect GmbH[9] bedienen würde. Angeblich war also bei Vertragsunterzeichnung noch nicht klar, dass Toll-Collect dabei war. Bundestagsabgeordnete hierzu befragt erklären übereinstimmend, sie hätten davon nichts gewusst, die Aussage des Herrn Scheuer sei falsch. Tatsächlich wurde bei dem geheimen Treffen ganz konkret über die Mitbenutzung der Toll-Collect-Terminals verhandelt. Dieses Unternehmen sollte den privaten Mautbetreibern die Kontrollbrücken und Automaten zur Verfügung stellen, was eine verdeckte Staatshilfe darstellt. Diesen rechtswidrigen Sachverhalt haben hochrangige Ministeriumsmitarbeiter bekräftigt. Diese hatten auch erhebliche Bedenken, dass der Bundesrechnungshof vom Verkehrsministerium belogen wurde. Das Urteil des Staatsrechtlers hierzu ist eindeutig: „Das ist wirklich ein Skandal. Zwei schwere Verstöße, einer gegen das Vergaberecht, und einer gegen das Haushaltsrecht". Damit steht definitiv fest, dass der Verkehrsminister zwei gravierende Verstöße gegen das Gesetz begangen hat, das er nach seinem Amtseid zwingend beachten muss. Darüber hinaus hat er 500 Millionen Euro praktisch veruntreut, indem er vor dem Erlass der EUGH-Entscheidung bereits Verträge abschloss, die für die Bundesrepublik einen Schaden von nunmehr ca. 560 Millionen EURO bedeuten.

Hätte die Regierung dieses Geld für den Haus- und Wohnungsbau verwendet, hätten damit (bei eigenen Grundstücken, ohne sonstige Nebenkosten) unzählige Immobilien für sozial schwache Bürger gebaut werden können. Aber dafür interessiert sich ein Minister oder eine Bundeskanzlerin, oder auch ein Abgeordneter, die alle für den Lebensabend bereits vorgesorgt haben, nicht. Für sie alle sind dies lediglich Lappalien, die auch die Justiz niemals untersuchen würde. Was sind schon über 500 Millionen Euro Schadensersatz?

---

9 Toll-Collect, ein öffentliches Unternehmen, betreibt im Auftrag des Bundes das deutsche LKW-Mautsystem.

Am 28.5.2020 musste der Bundesinnenminister und ehemalige CSU-Parteivorsitzende vor dem Untersuchungsausschuss des Deutschen Bundestages als Zeuge aussagen. Er wurde darauf angesprochen, dass der frühere Bundesverkehrsminister Dr. Ramsauer ihn schon vorher, spätestens vor der Entscheidung des EUGH (wonach die von der Bundesregierung beabsichtigte Mauteinführung unzulässig ist) eindringlich darauf hingewiesen habe, dass die Mautregelung in jedem Fall europarechtswidrig sei. Herr Seehofer erklärte daraufhin, die Mauteinführung habe die CSU vor der Landtagswahl in Bayern den Wählern ausdrücklich versprochen, so dass diese Zusage (!!) gegenüber der Öffentlichkeit nicht mehr zurückgenommen werden durfte. Das bedeutet im Klartext: es war der CSU und ihrem Parteivorsitzenden wichtiger, ein falsches Versprechen gegenüber den Wählern aufrechtzuerhalten, weil damit, wie geschehen, die Partei auch einen großen Wahlerfolg erzielte. Dass die Zusage der Mauteinführung eine Täuschung war, interessiert in diesem Zusammenhang nicht.[10]

Im Untersuchungsausschuss am 28.01.2021 hat Herr Scheuer, nicht nur für die Oppositionsparteien wenig überzeugend, seine Verantwortung kategorisch bestritten.

4. Tierquälerei und Gewinnstreben als Regierungsprogramm

Die Afrikanische Schweinepest, die im September 2020 auch Deutschland erreichte, hat noch einmal in aller Schärfe deutlich gemacht, wie unsere Regierung und das Bundeslandwirtschaftsministerium mit Tieren um geht. Es ist allgemein bekannt, dass sich die deutsche Bevölkerung heutzutage zunehmend von fleischloser Kost ernährt. Denn die unhaltbaren Zustände in der

---

10 zitiert nach SWR, Report Mainz vom 26.5.2020.

Tierhaltung in Deutschland schrecken immer mehr Bevölkerungsteile vom Fleischverzehr ab. Aber auch gesundheitliche Gründe sind dabei ein entscheidender Faktor. Dennoch gehört Deutschland, und zwar in steigendem Maße, neben den USA und China zu den mittlerweile größten Schweinefleischerzeugern weltweit. Große Schweinefleischfabriken beschäftigen durchwegs Arbeitskräfte aus den Ostblockländern, die zu Billigstlöhnen im Akkord Schweine töten, ausnehmen und zerlegen müssen.

Nachdem in der Corona-Zeit große Schlachtbetriebe teilweise schließen mussten, können die Bauern die meisten ihrer Tiere vorübergehend nicht verkaufen. Dafür werden die Schweine wegen des eintretenden Verkaufsrückgangs in den Ställen der Landwirtschaft immer mehr zusammengepfercht und müssen in unhaltbaren Verhältnissen dahinvegetieren. Verletzte Tiere, die mangels ausreichenden Platzes in ihren Exkrementen liegen müssen, sterben eines qualvollen Todes. Den Transport vom Bauernhof zu den Schlachthöfen überleben viele Tiere nicht. Fast ein Fünftel dieser Tiere verendet auf dem Weg dorthin. Die Mutterschweine werden wochenlang in enge Metallkäfige gesteckt. Ohne Betäubung werden kleinen Ferkeln die Eckzähne geschliffen. Ihre Hoden werden herausgequetscht, die Ringelschwänze einfach abgeschnitten. Und der Deutsche Bundestag verbietet dies auch nicht nach § 5 Abs. 3 Nr. 3 und 5 Tierschutzgesetzt. Und das alles nur aus Gründen der Kostenersparnis.

Fleischpreise werden vor allem deswegen so niedrig gehalten, damit die Regierung behaupten kann, sie tue etwas für die ärmere Bevölkerung. Dabei wird vergessen, dass diese enormen Kosten für die Schweinefleischproduktion – Deutschland exportiert den größten Teil allein nach China – wir alle bezahlen. Der deutsche Staatsbürger ist mit seinen Steuern und ganz direkt auch über die enormen EU-Subventionen an die Landwirtschaft an diesen Kosten unmittelbar beteiligt. Dass der Schweinefleischkonsum in Deutschland dagegen immer mehr zurückgeht, interessiert die Bundesregierung und das zuständige Bundeslandwirtschaftsministerium nicht; Hauptsache, wir exportieren viel und die Regierungsparteien haben ein Klientel für die nächsten Wahlen.

Zu dieser bewusst verfehlten Agrarpolitik kommt schließlich noch hinzu, dass die großen Betriebe für Schweinezüchter mit ihren Tieren Unmengen von Gülle produzieren, die in unserem Grundwasser landet. Das Grundwasser wiederum muss teuer und aufwendig gereinigt werden. Dennoch hält Deutschland die Nitratrichtlinie nicht ein. Die EU muss deshalb der Bundesregierung mit hohen Strafzahlungen drohen.

Unser Ökosystem wird mit dieser enormen Schweinemast immer mehr geschädigt. Die immer stärker verabreichten Antibiotika an die Tiere führen zu den gefährlichen Resistenzen bei den Menschen. Gleichzeitig müssen wir immer höhere Gesundheitskosten tragen. Für eine Regierung wie die unsere ist dies völlig unerheblich. Wichtig ist, das deutsche Grundübel der Raffgier zu bewahren. Dass die Tiere darunter leiden müssen, ist unwesentlich.

Geduldete deutsche Rechtsbeugungen

1. Das Hitler-Urteil 1923

Ganz offensichtlich rechtswidrige Urteile scheinen in Deutschland nicht etwa etwas Ungewöhnliches, sondern vielmehr etwas ganz Normales zu sein. Welche Auswirkungen ein rechtswidriges, durch Rechtsbeugung zustande gekommenes Urteil haben kann, zeigt bereits eine Entscheidung zu Beginn der Weimarer Zeit, die eine ungeheure Wirkung in der deutschen Geschichte haben sollte.

Rechtsbeugung im großen Stil kann sich nach Auffassung vieler eigentlich nur auf die Justiz im Dritten Reich beziehen, wo nicht nur bekanntermaßen grausame und unmenschliche Urteile gefällt, sondern letztlich das Recht pervertiert wurde. Wenn man sich fragt, wie es dazu kommen konnte, dann liegen die Gründe auf der Hand. Das Dritte Reich war ein Unrechtsstaat und die Richter im Dritten Reich haben die Gesetze einfach im Sinne der Nazi-Ideologie und für die Grundauffassung der Diktatur interpretiert und angewendet und damit das Recht gebeugt.

Bevor Hitler 1933 an die Macht kam, gab es mit der Weimarer Republik einen Rechtsstaat mit einer neuen Verfassung und Grundrechten, ähnlich wie nach 1945 im Bonner Grundgesetz. Außerdem war die Justiz in der neuen Demokratie absolut unabhängig. Rechtsbeugungen in der Weimarer Republik durch Gerichte wird man sich, noch dazu im großen Stil, mit Sicherheit nicht vorstellen können.

Leider weit gefehlt.

Zugegeben, nach dem verlorenen Ersten Weltkrieg ab 1918 waren die Verhältnisse in Deutschland ziemlich chaotisch. Es gab revolutionäre Unruhen. Wegen dieser Unruhen in Berlin hatte sich die verfassungsgebende Nationalversammlung nach Weimar geflüchtet, wo Friedrich Ebert am 6. Februar 1919 die Nationalversammlung eröffnete und seine erste große Rede hielt. Am 11. Februar 1919 wurde er zum ersten deutschen Reichspräsidenten gewählt. Die Gesetze, die aus dem Kaiserreich des 19. Jahrhunderts stammten, hatten sich nicht grundsätzlich geändert. Das neue Deutsche Reich, nunmehr eine Republik, besaß jetzt eine Verfassung, in der alles Wesentliche geregelt war, einschließlich der Grundrechte, ähnlich wie in der Bonner Republik nach 1945, die allerdings keinen verfassungsrechtlichen Anspruch boten.

In dieser Zeit hält ein Ausländer, ein gewisser Hitler, Österreicher, politische Reden und wird bereits am 29. Januar 1921 wegen fortgesetzter übler Nachrede mit 1.000 Mark Geldstrafe bestraft. Kurze Zeit später wird dieser Hitler wieder straffällig, indem er mit seinen Stoßtrupps eine Versammlung sprengt, so dass er am 12. Januar 1921 wegen Landfriedensbruchs zu drei Monaten Gefängnis verurteilt wird. Davon verbüßt er nur einen Monat, der Rest wird bedingt „auf Bewährung" erlassen. Diese Bewährungsfrist sollte nach den verfahrensrechtlichen Regeln bis zum 1. Oktober 1928 laufen.

Am 8. November 1923 überfällt Hitler mit seinen bewaffneten Anhängern eine von Gustav Ritter von Kahr, Generalstaatskommissar von Bayern, im Bürgerbräukeller in München abgehaltene Versammlung. Hitler erklärt die Reichsregierung in Berlin für abgesetzt. Nachdem er damit offensichtlich keinen Erfolg hat, ruft er am folgenden Tag, dem 9. November, die Nationale Revolution aus und marschiert mit seinen Anhängern vom Marienplatz in München Richtung Feldherrnhalle, wo der Zug von bewaffneten Polizisten gestoppt wird. Es kommt zum Schusswechsel, wobei zahlreiche Polizisten ums Leben kommen. Hitler wird später verhaftet. Er wird, neben Ludendorff, Röhm und anderen wegen Hochverrats angeklagt und am 1. April 1924 verurteilt.

Dieses Urteil vor dem Volksgericht in München weist so viele Rechtsverstöße auf, dass man glaubt, sich in irgendeinem Bananenstaat, nicht aber in einem Rechtsstaat wie Bayern oder der Weimarer Republik zu befinden:

1. Das bayerische Volksgericht war für Hochverratsverfahren gar nicht zuständig; für solche Verfahren war nach der Weimarer Verfassung allein das Reichsgericht in Leipzig zuständig.

2. Da das Volksgericht in Bayern ein Ausnahmegericht war, war das Verfahren vor diesem Gericht außerdem auch unstatthaft.

3. Die bayerische Staatsregierung hatte sich dem Ersuchen der Reichsregierung widersetzt, den Beschuldigten Hitler auszuliefern, wozu Bayern verpflichtet gewesen wäre.

4. Die vier beim Putschversuch ums Leben gekommenen Polizisten wurden im Urteil überhaupt nicht erwähnt, obwohl diese Männer eigentlich einem Mordanschlag zum Opfer gefallen waren.

5. Der beim Marsch erschossene Putschist, ein Richter am Oberlandesgericht München namens Theodor von der Pfordten, also ein hoher Richter des Freistaates Bayern, trug bei sich einen vollständig ausformulierten Text einer neuen Verfassung, der ebenfalls in der Verhandlung nicht erwähnt wird.

6. Wegen Hochverrats hätte Hitler eigentlich zum Tode verurteilt, zumindest aber ausgewiesen werden müssen. Tatsächlich wurde er in diesem Urteil als Ausländer (Österreicher) nicht einmal des Landes verwiesen, obwohl dies bei einem straffällig gewordenen Ausländer im Sinne des Republikschutzgesetzes zwingend vorgeschrieben war.

7. Das Reichsgericht hätte Hitler mit Sicherheit wegen des Hochverrates und der erschossenen Polizisten zum Tode verurteilt, in jedem Fall aber aus Deutschland ausgewiesen.

8. Hitler und seine Spießgesellen werden lediglich zu fünf Jahren (ehrenvoller) Festungshaft in Landsberg (Bayern) verurteilt, wo sie, im Gegensatz zu den normalen Strafgefangenen, fürstlich verpflegt wurden und einen angenehmen Aufenthaltsort mit Besucherzimmer hatten.

Das Strafgericht billigte Hitler eine Bewährung zu, eine besonders schwere und für die weiter Entwicklung der Geschichte sehr fatale Rechtsbeugung. Denn die erste Bewährungsfrist wegen des Landfriedensbruchs, die bis zum 1. Oktober 1928 gelaufen wäre, wurde vom Landgericht München I am 1. April 1926 um zwei Jahre verkürzt. Hätten die bayerischen Richter am bayerischen Obersten Landesgericht am 19. Dezember 1924 Hitler nicht auf Bewährung freigelassen, hätte er sämtliche Strafen verbüßen müssen und wäre erst am 11. Januar 1929 wieder freigekommen. Die Gefolgschaft Hitlers wäre damit zerfallen. Dann hätte es auch kein Drittes Reich, keinen zweiten Weltkrieg mit insgesamt 50 Millionen Tote gegeben.

Zur Ehrenrettung der bayerischen Justiz darf in diesem Zusammenhang allerdings nicht unerwähnt bleiben, dass es die Staatsanwaltschaft in einem langen Beschwerdeschriftsatz versucht hatte, die Hitler erteilte Bewährung aufzuheben. Der damalige Staatsanwalt Hans Ehard[11] hat in beschwörenden Worten darauf hingewiesen, dass eine Strafaussetzung zur Bewährung völlig unangebracht sei. Denn Hitler, der im Prozess ganz offensichtlich mit der Todesstrafe rechnen musste, hat alle seine verbrecherischen Ziele vorgetragen und in der (kurzen) Haft seine Hetzschrift „Mein Kampf" verfasst. Bezeichnenderweise hat sich Hitler später bei seinen so genannten Tischgesprächen über die bayerische Justiz und die Bayerische Regierung lustig gemacht. Er meinte, im umgekehrten Fall hätte er unsentimental durchgegriffen und alle Teilnehmer am Putsch erschießen lassen.

Wer glaubt, dieses Urteil gegen Hitler müsse als Ausnahmeentscheidung unmittelbar nach dem verlorenen Ersten Weltkrieg

---

11 Hans Ehard war einer der ganz wenigen mutigen Juristen, auch während der Nazizeit. Er hat dann nach dem Krieg als bayerischer Ministerpräsident und Minister noch Kariere gemacht (zitiert nach Otto Gritschneder, Der Hitler-Prozess und sein Richter Georg Neithardt).

und den chaotischen Verhältnissen in dieser Zeit, vor allem in Bayern, angesehen werden, der irrt wiederum. Rechtsbeugung in dieser ersten deutschen Republik war leider schon damals gang und gäbe. Das damalige oberste Gericht, das Reichsgericht in Leipzig hat Mordtaten, wenn sie von rechtsradikalen Tätern an Staatsbürgern begangen wurden, die illegale Machenschaften aufdeckten, immer als vermeintliche Staatsnotwehr gerechtfertigt.

Der Frankfurter Rechtsgelehrte Hugo Sinzheimer hat bereits zum damaligen Zeitpunkt solche Gerichtsentscheidungen des Reichsgerichts auf das schärfste verurteilt und erklärt: „Ein solcher Richterspruch erschüttert nicht die Rechtsordnung, er löst sie auf".

2. Rechtwidriges Ponton-Urteil

Eine besonders schwere Rechtsbeugung des Reichsgerichts ist das so genannte „Ponton-Urteil" gegen die Journalisten Bertold Jacob (Herausgeber „Das andere Deutschland") und Fritz Küster, das vom Reichsgericht im 62. Band seiner amtlichen Entscheidungssammlung selbst veröffentlicht wurde.

Am 21. März 1925 ertranken während eines Reichswehrmanövers 81 Soldaten beim Übersetzen über den Fluss Weser. Die angeklagten Journalisten hatten zu Recht darauf hingewiesen, dass unter den Ertrunkenen mindestens 11 Freiwillige auf Zeit gewesen waren, was eindeutig gegen den Versailler Friedensvertrag verstieß, der wiederum oberstes deutsches Gesetzesrecht darstellte. Reichswehrminister Geßler und Reichskanzler Luther hatten öffentlich (wahrheitswidrig) bekundet, es gäbe keine Zeitfreiwilligen. Die Journalisten, die darüber berichteten, wurden beide zu je neun Monaten Festungshaft verurteilt. Bemerkenswert an dieser Entscheidung ist vor allem der Satz, wonach lediglich die Printmedien in der Weimarer Zeit auf die Einhaltung und Durchführung der bestehenden Gesetze achteten.[12]

Die Richter der Weimarer Zeit arbeiteten, so kann man den Eindruck gewinnen, förmlich darauf hin, dass eine diktatorische Regierung, vielleicht unter dem damals schon bekannten Adolf Hitler, endlich kommen sollte. Die allermeisten waren, ebenso wie der Großteil der deutschen Bevölkerung, regelrecht feindlich gegen die eingeführte Demokratie der Weimarer Verfassung eingestellt. Soweit gegen nationalsozialistische Umtriebe ermittelt wurde, fanden die Angeklagten durchwegs sehr milde Richter. Diese Richter brachten für die Nazi-Parolen und Nazi-Verbrechen großes Verständnis auf. Die unteren Gerichte schlossen sich verständlicherweise immer mehr auch innerlich der Auffassung des Reichsgerichts an. So sah beispielsweise das Schöffengericht Halle in der Bezeichnung des preußischen Ministerpräsidenten Otto Braun als „schamloser Judas Ischariot" keine Beleidigung. Ebenso konnte das Reichsgericht im Februar 1930 in der Behauptung „Der Jude Rathenau ist ein Verräter" kein strafbares Vergehen feststellen.

Heute erleben wir bereits wieder ähnliche justizielle Anschauungen: Die bundesdeutsche Staatsanwaltschaft sieht beispielsweise heute in der Bezeichnung „Krimineller" eines unbescholtenen Staatsbürgers und „alte perverse Drecksau" im Fall Künast lediglich eine Alltagssprache, die nicht strafbar ist (siehe oben).

Richter, Behörden und Rechtsgelehrte, die einen demokratischen Rechtsstaat von Weimar kontinuierlich beschimpften und damit zerstörten, haben mit dieser Art von Bekämpfung gleichzeitig dem Dritten Reich systematisch vorgearbeitet. Deswegen konnte Hitler 1933 ganz legal, wie er es vorher immer beschworen hatte, an die Macht gelangen und kurze Zeit später mit dem von

---

12 (Ingo Müller, Furchtbare Juristen)

allen Parteien – außer der SPD – gebilligten Ermächtigungsgesetz seine verbrecherische Diktatur errichten. Nicht zu vergessen, dass dies vom überwiegenden Teil der deutschen Bevölkerung begrüßt und für gut gehalten wurde.

Richter zu Beginn des Dritten Reiches:

Anlässlich des ersten Juristentages nach Hitlers Machtergreifung schworen auf einer imposanten Massenkundgebung vor dem Reichsgericht in Leipzig im Oktober 1933 über 10.000 Juristen mit erhobenem rechtem Arm „bei der Seele des deutschen Volkes, dass (sie) unserem Führer auf seinem Wege als deutsche Juristen folgen wollen <u>bis an das Ende unserer Tage</u>".[13]

Diesen geleisteten Eid haben so ziemlich alle Richter, die nach 1945 wieder in ihre Ämter eingesetzt wurden, bei Beginn der

13 (Ingo Müller, Furchtbare Juristen)

Bundesrepublik in ihren neuen Stellungen konsequent und ohne jegliche Abstriche befolgt und (bis an das Ende ihrer Tage) eingehalten.

3. NS-Vergangenheit und die Bundesjustiz

Die NS-Vergangenheit der deutschen Justiz war zu Beginn der Bundesrepublik Deutschland nicht zu übersehen. Als die deutsche Wehrmacht am 8. Mai 1945 kapitulieren musste und die nationalsozialistische Herrschaft nach 12 Jahren ihr Ende gefunden hatte, war die restliche deutsche Bevölkerung erst einmal zufrieden, überlebt zu haben.

Die alliierten Siegermächte dagegen begannen schon sehr frühzeitig mit dem Neuaufbau Deutschlands. Dazu musste nicht nur in fast allen Großstädten der Schutt beseitigt werden; die Siegermächte begannen auch sofort mit einem Wiederaufbau von Verwaltung und Justiz in Deutschland.

Gleichzeitig zwangen die Besatzungsmächte die Bevölkerung zu einer persönlichen Vergangenheitsbewältigung, indem sie die Deutschen förmlich nötigten, in den Konzentrationslagern, aber auch in großen Kinovorstellungen anzusehen, was in diesen Konzentrationslagern, die im Grunde genommen reine Todeslager waren, während der Nazizeit tatsächlich 12 Jahre lang geschehen war. Der deutschen Bevölkerung konnte man bei dem Anblick der ungeheuren Mengen von Leichen ihr Entsetzen ansehen, das mit Sicherheit ehrlich war.

Die Nazis hatten ja ganz bewusst der Bevölkerung die verbrecherischen Taten verheimlicht, wo Millionen Menschen, vor allem jüdischen Glaubens, aber auch Deutsche und Kriegsgefangene grausamst gefoltert wurden, viele verhungerten und Millionen Menschen umgebracht worden sind. Offiziell hieß es damals, das seien Umerziehungslager in den Ostgebieten, wo die jüdische Bevölkerung auch angesiedelt werden sollte. Zur Ehrenrettung der meisten Deutschen muss gesagt werden, dass sie beim Anblick der Gräueltaten, die sie in den Filmen, aber auch real ansehen mussten, bei der systematischen Bekanntgabe der Naziverbrechen nicht nur aufrichtig schockiert waren, sondern auch mit Überzeugung darauf hinweisen konnten, hiervon nichts gewusst, allenfalls manches geahnt zu haben. Das hat bei vielen Menschen sicherlich auch zu einem Umdenken hinsichtlich der früheren politischen Einstellungen geführt.

Dasselbe lässt sich von den im Dritten Reich tätigen Richtern, Staatsanwälten und allgemein den Justizvollzugsbeamten, die später von der Bundesrepublik wieder in den Staatsdienst übernommen wurden, nicht behaupten. Denn sie waren es doch gerade, die zunächst die „rechtlichen" Grundlagen, d.h. die Judengesetze und die sonstigen Vorschriften für die Ausrottung der jüdischen Bevölkerung schufen und dafür sorgten, dass die Urteile, oftmals strenger als durch die Gesetze vorgeschrieben, vollstreckt wurden.

Die westlichen Alliierten hatten zwar vor, bei diesem Wiederaufbau Deutschlands von einer radikalen Lösung auszugehen. Alle belasteten Richter und Staatsanwälte sollten aus den Ämtern entfernt und nicht mehr zu solchen Posten zugelassen werden. Natürlich hätte dies, zumindest für einen gewissen Zeitraum, einen Stillstand der Rechtspflege bedeutet. Denn so gut wie alle Richter und Staatsanwälte waren Mitglieder der NSDAP gewesen und hatten zumindest die verbrecherische Ideologie des Hitlerregimes sehr überzeugend und auch sehr überzeugt vertreten. So wurden beispielsweise in ganz Bremen von den Amerikanern lediglich zwei Richter ausfindig gemacht, die unbelastet waren.

Aus diesem Grunde wurde ein anderer Weg eingeschlagen. Zunächst wurden die am Beginn der Nazizeit 1933 pensionierten Richter wiedereingestellt. Nachdem aber auch dieses Verfahren nicht zu dem gewünschten Erfolg führen konnte, wurden wieder alle ehemaligen Nazi-Juristen in den deutschen Justizdienst übernommen. Ähnlich verhielt es sich mit den Beamten in der Verwaltung.

Der erste Bundeskanzler der neu gegründeten Bundesrepublik Deutschland, Konrad Adenauer, ging bekanntlich noch zusätzlich mit „gutem" Beispiel voran, indem er sich nicht scheute, einen besonders überzeugten Nazijuristen als Staatssekretär einzustellen. Hans Globke, der zusammen mit dem weiteren Juristen Stuckart die Nürnberger Gesetze zunächst schuf und später als Kommentator herausbrachte, die die Grundlage für die endgültige Judenvernichtung darstellten, muss als besonders schlimmer Verbrecher bezeichnet werden. Denn er war Volljurist. Somit war ihm das Recht in besonderem Maß geläufig. Diesen Hans Globke als Staatssekretär ins Bundeskanzleramt zu holen, dazu bestand nicht die geringste Notwendigkeit, da für dieses Amt mit Sicherheit genügend ebenso qualifiziertes Personal vorhanden gewesen wäre.

Dass auch die überzeugten Nazitäter, die im Beamtenverhältnis gestanden hatten, wieder im neuen Staat eingestellt wurden, dafür sorgte die Bundesrepublik schon selbst. Sie schuf nämlich auf Veranlassung des Bundesverfassungsgerichts die Vorschrift des Art 131 des Grundgesetzes. Diese Vorschrift erbrachte die Voraussetzungen, dass so gut wie alle Beamten wieder übernommen wurden.

Durch den Zustrom aus den verlorengegangenen Ostgebieten und der unter sowjetischer Besatzung stehenden Zone konzentrierte sich nunmehr die Anzahl von Parteigenossen so stark, dass „in etlichen Behörden 1948/49 mehr Parteigenossen (saßen) als selbst unter Hitlers Herrschaft".[14]

Der seinerzeit ausgebürgerte deutsche Staatsrechtslehrer Hans Kelsen verneinte in dieser Situation einen rechtlichen Zusammenhang (Kontinuität) zwischen dem Dritten Reich (der Naziherrschaft) und der Bundesrepublik, was im Sinne eines Rechtsstaates durchaus begrüßenswert gewesen wäre. Dem widersprachen aber vehement zahlreiche überzeugte bundesdeutsche Juristen mit dem Erfolg, dass die verfassungsmäßige Verbindung des Dritten Reiches mit

---

14 Ingo Müller, Furchtbare Juristen

der neuen Bundesrepublik als gegeben angesehen werden konnte. Damit kamen auch alle Richter aus der Hitlerherrschaft wieder in ihre angestammten Positionen. Bezeichnend dabei ist, dass das oberste deutsche Gericht, der neu geschaffene Bundesgerichtshof, fast ausschließlich mit hochrangigen Nazirichtern besetzt war, geführt von ihrem Präsidenten Hermann Weinkauff, der ebenfalls unter Hitler Karriere gemacht hatte. Man kann aus heutiger Sicht daher durchaus feststellen, dass der Bundesgerichtshof nach seiner Errichtung zum allergrößten Teil mit überzeugten Nazis besetzt war, was sich vor allem in der nachfolgenden Rechtsprechung des BGH für anderthalb Jahrzehnte dann auch eindeutig zeigen sollte.

Diese Richter der neu entstandenen Bundesrepublik waren gar nicht interessiert, den Abstand zur Hitler-Herrschaft herzustellen. Der damalige Justizminister Thomas Dehler (FDP) und sein Ministerium waren sogar bestrebt, unbedingt die ehemaligen Richter des Reichsgerichts in Leipzig in den neuen Gerichtshof zu übernehmen und zu installieren. Bei der Eröffnung des Bundesgerichtshofes betonte Tomas Dehler ausdrücklich, dass der Geist des Reichsgerichts in Leipzig in das neue Gericht einziehen sollte.

Es würde zu weit führen, alle Richter zu benennen, die trotz ihrer zum Teil schwerwiegenden Belastung, auch als kriminelle Richter in der Nazizeit, nach 1945 steile Karrieren gemacht haben.

Einige Beispiele müssen jedoch angeführt werden, die sich aus den nachfolgenden Ausführungen ergeben.

4. Anfangsjustiz in der Bundesrepublik

Die Naziherrschaft hatte bereits kurze Zeit nach der Machtergreifung 1933 den Volksgerichtshof geschaffen, der quasi als Revolutionstribunal, als Sondergericht des in Leipzig sitzenden Reichsgerichts, zunächst alle schweren Straftaten vom Hochverrat bis zum Mordversuch abzuurteilen hatte. Später wurden alle Gegner der Hitlerherrschaft ebenfalls hier verurteilt und zum allergrößten Teil anschließend sofort hingerichtet.

Hitler selbst hatte dieses Gericht von Anfang an gewollt, was er bereits in seiner Hetzschrift „Mein Kampf" ausdrücklich mit den Worten gefordert hatte, dass es notwendig sei, ein (solches) Gericht zu schaffen, „... dass einst ein deutscher Nationalgerichtshof etliche zehntausend (!) der organisierenden und damit verantwortlichen Verbrecher des Novemberverrats (gemeint ist 1923) und alles dessen, was dazu gehört, abzuurteilen und hinzurichten hat".

Unmittelbar nach Beendigung des Zweiten Weltkrieges wurden die führenden Regierungsvertreter des Dritten Reiches, soweit sie sich nicht durch Selbstmord der Verantwortung entzogen hatten, in Nürnberg von den Alliierten angeklagt und die meisten zum Tode verurteilt und auch hingerichtet. Aus der führenden Ministerialbürokratie wurden einige wenige angeklagt und teils zu zeitlichen Strafen verurteilt, teilweise auch freigesprochen. In den Nürnberger Ärzteprozessen wurden sieben Todesurteile ausgesprochen und auch vollstreckt.

Die in den Nürnberger Juristenprozessen Angeklagten, unter denen sich auch führende Richter befanden, erhielten dagegen entweder nur geringe Freiheitsstrafen oder wurden sogar freigesprochen. Die angeklagten Juristen stützten sich bei ihrer Verteidigung immer auf dasselbe Argument, sie könnten nicht für Taten verurteilt werden, die zur Tatzeit nicht strafbar gewesen seien. Deswegen fehle ihnen auch das Unrechtsbewusstsein. Oder sie wären seinerzeit verfolgt worden.[15]

---

15 Landgerichtsrat Dr. Lothar Kreysig hatte sich geweigert, Morde an geistig Behinderten zuzulassen. Er wurde nach der Machtergreifung Hitlers 1933 auf eigenen Wunsch zum Amtsrichter degradiert und hat dann später um seine Pensionierung gebeten. Am 4.3.1942 ging er, auf Anordnung der Nazijustiz, in den endgültigen Ruhestand, erhielt weiter sein volles Gehalt und blieb bis zum Ende des Dritten Reiches völlig unbehelligt. (zitiert nach Ingo Müller, Furchtbare Juristen)

Das Gericht der Alliierten in den Nürnberger Prozessen, besetzt aus hochrangigen Richtern, unter anderem aus den Vereinigten Staaten, ließ diese Einwände zu Recht nicht gelten. Es verwies auf die Regeln des Völkerrechts, die bereits zur Tatzeit auch für Deutschland gegolten hatten. Die Beschuldigung der Richter sei notwendig wegen der unermesslichen Verbrechen in einem über ganz Deutschland verbreiteten und von den Naziführern organisierten System der Grausamkeit und der Ungerechtigkeit. Diese Richter hätten den Verstoß gegen die Gesetze der Menschlichkeit begangen und dabei im Namen des „Rechts" ihre Taten unter der Autorität der damaligen Justiz unter Zuhilfenahme der Gerichte ausgeführt.

Das moralische Urteil der Besatzungsmacht schließt mit dem Satz: „Der Dolch des Mörders war unter der Robe des Richters verborgen" (Urteil im Nürnberger Juristenprozess in BA All. Proz. 1 XVII S1. S 56).

In einer anderen Entscheidung hatte der Alliierten-Gerichtshof zu Recht festgestellt: „Die Preisgabe des Rechtssystems eines Staates zur Erreichung verbrecherischer Ziele untergräbt den Staat mehr als durch ausgesprochene Gräueltaten".

Es ist wirklich schwer zu begreifen und zu verstehen, wie Juristen, die das Recht in allen seinen Einzelheiten gelernt hatten und auch kannten, derart verbrecherisch mit den von ihnen geleiteten Prozessen umgehen konnten. Ein Gesetz, das Menschen, die im Gegensatz zu anderen deutschen Staatsbürgern lediglich jüdische Vorfahren hatten, im Übrigen aber wie alle Deutschen gelebt, gearbeitet, für den Staat im Ersten Weltkrieg gekämpft hatten und gefallen waren, als Kriminelle behandelte, dies hätte eigentlich dem einfältigsten Juristen als Unrecht auffallen müssen.

Viel entscheidender für die verbrecherische deutsche Justiz im Dritten Reich ist aber noch, dass das nationalsozialistische Gedankengut zu Beginn der Bundesrepublik Deutschland voll in die neue deutsche Justiz übernommen und auch weiterhin nicht als Unrecht angesehen wurde. Die unter der Naziherrschaft verschärften

Strafvorschriften wie beispielsweise der § 211 (Mord) wurden im Wesentlichen beibehalten. Die Richter vertraten die Meinung, dass sich die Gesetze aus der Hitlerzeit auch in der neuen BRD nicht wesentlich geändert hatten und somit schon deswegen die Rechtsprechung im Dritten Reich nicht falsch gewesen sein konnte. Gerade die besonders belasteten Richter des berüchtigten Sondergerichts im Dritten Reich, des Volksgerichtshofs, konnten im neuen BGH unbeschwert weitermachen.

Die führenden Richter im Dritten Reich fällten in der Nazizeit besonders grausame, um nicht zu sagen verbrecherische Urteile, die nicht einmal von den damaligen Gesetzen gedeckt waren. Derartige Urteile sollten lediglich die Naziherrschaft zum Schluss noch festigen. Diese Richter wurden dann vor allem vom Bundesgerichtshof (BGH), der obersten Instanz in der Bundesrepublik, niemals als kriminelle Richter, die das Recht beugten, sondern alle als ehrenwerte Kollegen angesehen.

Man kann es kaum glauben, dass selbst das Justizministerium im Dritten Reich in einem Rundschreiben, vertreten durch den amtierenden Staatssekretär Dr. Roland Freisler, dem furchtbarsten späteren Richter in der Nazizeit, seine Kollegen, die Richter aufforderte, sich an das Gesetz zu halten und nicht zu grausame Urteile zu fällen.

Einer der schlimmsten Richter am Volksgerichtshof war Hans Rehse, der an über 240 Todesurteilen, die alle vollstreckt wurden, mitgewirkt hatte. Er wurde schließlich 1967 (!), 22 Jahre nach dem Ende der Nazi-Herrschaft, beim Landgericht Berlin lediglich wegen Beihilfe zum Mord angeklagt. Bezeichnend dabei war wiederum, dass Rehse, der für Todesurteile gestimmt hatte, die alle einstimmig ergangen waren, nur wegen Beihilfe angeklagt wurde. Die Anklage des Berliner Landgerichts lautete auf lediglich 5 (in Worten fünf) Jahre Zuchthaus. Natürlich legte Rehse gegen dieses Urteil Revision zum Bundesgerichtshof ein, wo dieser Nazi-Verbrecher verständlicherweise gnädige, kollegiale, Richter fand. Die Richter des Bundesgerichtshofes, selbst

Juristen mit einer sehr dunklen Vergangenheit, empfahlen dem Landgericht Berlin nach Rehses Revisionseinlegung ganz offen und unverhohlen, ihn freizusprechen, weil der BGH der eingelegten Revision andernfalls staatgeben würde.

Das Gericht sprach daraufhin nicht nur Rehse frei. Der Freispruch galt aufgrund der höchstrichterlichen Rechtsprechung des BGH letztlich auch für die Richter des gesamten Volksgerichtshofes und damit für die gesamte NS-Justiz.

Damit hatten sämtliche deutschen Richter der Bundesrepublik Deutschland von dem höchsten deutschen Bundesgericht eine Bescheinigung erhalten, dass ihre im Dritten Reich begangenen Verbrechen in der BRD nicht verfolgt werden und sie selbst in Zukunft als unbescholtene Juristen zu gelten hatten.

5. Richterliche Verteidigung von Nazi-Urteilen

Wie die bundesdeutschen Richter, auf das Grundgesetz vereidigt, die Rechtsprechung des Dritten Reiches nach 1945 nicht nur beurteilten, sondern regelrecht verteidigten, zeigt der Fall des Priesters Dr. Josef Metzger vor dem Volksgerichtshof.

Die Gestapo hatte Dr. Metzger wegen angeblicher Feindbegünstigung angezeigt, worauf dieser zum Tode verurteilt worden war. Das Landgericht Berlin meinte später, die (angeblich) extreme Benutzung von Nazivorschriften über Feindbegünstigung hätte sich im Rahmen vertretbarer (!) Gesetzesauslegung gehalten. Das Gericht war der Auffassung, die Nazigesetze entsprächen insgesamt „... dem Recht eines jeden Staates, in Zeiten gefährlicher Bedrängnis von außen seinen Bestand im Innern durch harte Gesetze zu sichern".

Der Vorsitzende des Schwurgerichts, Kammergerichtsrat Oske, ebenfalls bundesdeutscher Richter, ging noch einen Schritt weiter.

Er stellte über den Charakter des Volksgerichtshofes fest:

„Nach der Rechtsprechung des Bundesgerichtshofes (!) …
handelte es sich bei dem Volksgerichtshof um ein unabhängi-
ges, nur dem Gesetz unterworfenes Gericht im Sinne von § 1 des
seit 1950 geltendem neuen Gerichtsverfassungsgesetzes (GVG)".

Nach § 1 GVG wird die richterliche Gewalt durch *unabhängige,
nur dem Gesetz unterworfene Gerichte ausgeübt*. In Wirklichkeit war
der Volksgerichtshof ein Terrorinstrument zur Durchsetzung der
nationalsozialistischen Willkürherrschaft. Seine Urteile wurden
als nationalsozialistisches Unrecht durch Gesetz vom 25.08.1998
(BGBl. 1998 I 2501) endlich aufgehoben.

Kann man bei einer solchen Einstellung von bundesdeutschen
Richtern noch von einer rechtsstaatlichen Justiz sprechen?

6. Verschleppung von Verfahren gegen Nazi-Richter

Die bundesdeutsche Justiz war nach der Errichtung der Bundesrepublik nicht nur in einzelnen Fällen, sondern häufig allgemein nicht bereit, Unrechtstatbestände aufzuarbeiten. Straftaten im Dritten Reich, begangen hauptsächlich von damals
amtierenden Richtern, wurden entweder nicht ermittelt und
zur Anklage gebracht, oder sie wurden bewusst verschleppt
und teils eingestellt, teils auch mit einem Freispruch ausdrücklich gutgeheißen.

Eine solch krasse Verhöhnung der Rechtsstaatlichkeit durch die
bundesdeutsche Justiz zeigt auch der folgende Strafrechtsfall,
begangen durch den Militärrichter Manfred Roeder. Roeder
(1900–1971) war in der Nazizeit ein berüchtigter Jurist, der nach
der Machtergreifung Hitlers 1933 schnell Karriere machte. Als
die Rote Kapelle, fälschlicherweise später als kommunistische
Untergrundbewegung verunglimpft, unter ihren Führern Har-
ro Schulze-Boysen und Arrid Harrnack enttarnt worden war,

wurden 1943 alle Mitglieder angeklagt. Der führende Untersuchungsrichter und gleichzeitig Ankläger war Manfred Roeder. Bei den Ermittlungen erpresste er Aussagen, beschuldigte die Angeklagten wahrheitswidrig der Spionage und des Landesverrats und warf ihnen auch Wehrkraftzersetzung vor, ein Tatbestand, der sehr häufig als Anklagepunkt missbraucht wurde. In zahlreichen Quellen ist überliefert, mit welcher Brutalität er gegen die Angeklagten vorging. Auf seine Anweisung wurden alle Angeklagten der verschärften Vernehmung unterworfen, was praktisch Folterung bedeutete. Ein Angeklagter wurde beim Verhör erschlagen. Für den mitangeklagten Adolf Grimme, der überlebt hat, war Roeder „einer der schlimmsten Verbrecher aus der Justiz jener Jahre". Der Abwehrgeneral Hans Oster, der am 9. April 1945 zusammen mit Dietrich Bonhoeffer im KZ Flossenbürg ebenfalls hingerichtet wurde, beschrieb ihn als krankhaft ehrgeizig, als triebhaft hemmungslosen Kriminellen, den man als Sadisten bezeichnen musste.

Roeder forderte in seinen Strafanträgen wie am Fließband Todesstrafen. Sogar für das Aufbewahren von Geld für Mitangeklagte verlangte er die Todesstrafe. Von 79 Angeklagten wurden am 19.12.1943 insgesamt 45 Personen zum Tode verurteilt und bereits drei Tage später hingerichtet. Roeder überwachte dabei persönlich alle Hinrichtungen, bei denen die Angeklagten mit Drähten am Fleischerhaken erhängt wurden.

Nach 1945 haben mehrere Personen gegen Roeder Strafanzeige wegen Aussageerpressung, schwerer Körperverletzung und Verletzung der Menschenrechte erstattet. Das Ermittlungsverfahren begann zunächst in Nürnberg, später zog das Niedersächsische Justizministerium das Verfahren an sich. Die Angelegenheit wurde lange verschleppt und schließlich mit der Begründung eingestellt, die Verfahren gegen die Angeklagten seien alle völlig legal gewesen. Wenn man bedenkt, dass gerade in diesem Bundesland zahlreiche Nazis in der Bundesrepublik überlebt hatten, ist die Einstellung nicht ungewöhnlich.

Im Jahr 2009 hob der Deutsche Bundestag die wegen Kriegsverrats gefällten Urteile der NS-Justiz auf und rehabilitierte damit auch die Mitglieder der Roten Kapelle. [16]

7. Antisemitismus in der Bundesrepublik

In einem demokratischen Rechtsstaat kann ausschließlich die Justiz als die allein Recht sprechende Gewalt für alle verbindlich feststellen, ob ein Straftatbestand vorliegt oder nicht. Dem einzelnen Staatsbürger, der unter Umständen eine andere Auffassung über begangene Straftaten vertritt, bleibt nur die Möglichkeit, Strafanzeige zu erstatten. Eine für die Allgemeinheit verbindliche Aussage über den Erfolg dieser Anzeige kann wiederum nur die Justiz machen.

Ist es unter solchen Umständen noch verwunderlich, dass der Antisemitismus, der im Kaiserreich des neunzehnten Jahrhunderts vorherrschte, der in der Weimarer Zeit nicht verboten war, den die NS-Verantwortlichen, darunter vor allem die Richter, lediglich mit der letzten, brutalsten, Konsequenz zu Ende geführt haben, in Deutschland immer noch vorhanden ist?

Heute sind wir in der Bundesrepublik Deutschland wieder so weit, dass in der Hauptstadt Berlin in aller Öffentlichkeit eine israelische Flagge verbrannt wird, um den Hass auf den Staat Israel und unsere jüdischen Mitbürger deutlich zu machen. Angehörige jüdischer Bevölkerungsschichten in Deutschland, die es wagen, sich durch das Tragen der rituellen Kopfbedeckung, der Kippa, als Juden zu erkennen geben, werden am helllichten Tage auf der Straße tätlich angegriffen. Mit dieser Kippa ist man demnach in Deutschland schon wieder gezwungen, sich zu

---

16 zitiert nach SZ vom 10.01.2020, Nr. 7

verstecken, weil man um sein Leben fürchten muss. Deutschland ist heute wieder so weit, dass sich jüdische Mitbürger, wenn sie rechtsgerichtete Personen auf der Straße erblicken, um ihr Leben fürchten und deswegen die Straßenseite wechseln. Viele jüdische Mitbürger denken bereits ernsthaft daran, Deutschland zu verlassen und auszuwandern.

Wenn jüdische Jugendliche sich in Deutschland mit Gleichaltrigen anfreunden, entstehen ganz natürlich Freundschaften. Sie zerbrechen allerdings häufig und schlagen in Hass um, wenn die jüdischen Jugendlichen ihre Herkunft zu erkennen geben. In deutschen Schulen, in denen Flüchtlingsklassen in Geschichte über das Dritte Reich unterrichtet werden, hört man immer wieder, dass ausländische Schüler freimütig erklären: „Hitler war doch super". Auf Nachfrage bekunden die Kinder dann, sie hätten dies von ihren Eltern und in den syrischen Schulen gelernt.

8. Gründe für die Ausbreitung des Antisemitismus

Die Ursache für die immer stärker werdende Ausbreitung des Antisemitismus und rechtsgerichteter Straftaten dürfte hauptsächlich in zwei Gründen zu suchen sein:

Einerseits war zu Beginn der BRD der frühere staatlich verordnete Antisemitismus noch so tief den Deutschen verwurzelt, dass er sich kaum bekämpfen ließ. Den besiegten Deutschen nun jüdische Beamte oder Politiker vorzusetzen, hielten zunächst selbst die Alliierten nicht für opportun. „Die Kluft zwischen jüdischen und nichtjüdischen Deutschen (war) mit dem Ende der Hitlerzeit nicht überwunden, sondern so tief wie noch nie."[17] Einen jüdischen Arzt aus Köln, zum Chefarzt einer städtischen Frauenklinik gewählt, hielt die Kommunalverwaltung für nicht angebracht.

---

17 zitiert nach Ronen Steinke, Fritz Bauer oder Auschwitz vor Gericht

Der Arzt würde, so die (damalige?) landläufige Auffassung, sein Amt „… sicher mit Ressentiments seiner Rasse und dem Rachegefühl des KZ'lers antreten". 17) Politiker, noch immer überzeugte Nazis, verunglimpften jüdische Mitbürger wie den Generalstaatsanwalt Fritz Bauer mit den Worten:

„Es geht jetzt auf Hauen und Stechen mit diesen wurzellosen Botokuden (veraltet: Mensch mit schlechten Manieren), die keine Juden sein möchten und keine Deutschen sind". 17)

Der BGH zitierte noch 1958, dass die BRD kein einziges der Nürnberger Urteile (Kriegsverbrecherprozesse) anerkenne. Der Bundesjustizminister Hans-Joachim von Merkatz (1956/57) sprach immer nur von den „mutmaßlichen" Kriegsverbrechern.

Fritz Bauer, Generalstaatsanwalt in Frankfurt, meinte dazu: „Die Richter und Staatsanwälte betrachten sich als ruhenden Pol und sahen in ihrer Sesshaftigkeit und Unabsetzbarkeit (!) eine Garantie für die Kontinuität der deutschen Geschichte" [18]

Andererseits wurde nach Gründung der Bundesrepublik 1949 der durch und durch verbrecherische Nationalsozialismus als solcher überhaupt nicht ausreichend gekennzeichnet und aufgearbeitet und dementsprechend als das behandelt, was er tatsächlich war, nämlich eine kriminelle Ideologie. Die Justiz hat lange – zu lange – eine Reihe von Gräueltaten zu sehr verharmlost, indem sie beispielsweise Widerstandtaten gegen das Nazi-Regime für eindeutig rechtswidrig hielt, weil sie die unerklärliche Auffassung vertrat, ein Widerstand gegen einen „… für seine Existenz kämpfenden Staat wie die Naziherrschaft sei in jedem Fall illegal".

Einen Fahnenflüchtigen kurz vor dem Waffenstillstand am 9. Mai 1945 noch streng zu bestrafen, obwohl sich der Führer doch bereits selbst durch Selbstmord der Verantwortung entzogen hatte, fanden die bundesdeutschen Richter als absolut zulässige

---

18 zitiert nach Ronen Steinke, Fritz Bauer oder Auschwitz vor Gericht

und richtige Bestrafung. Auf die Idee, eine Auflehnung gegen eine verbrecherische Diktatur sei legitim, kam die bundesdeutsche Justiz nicht.

Erst der bekannte Generalstaatsanwalt Fritz Bauer, ein jüdischer Mitbürger, hat in den 50er-Jahren darauf hingewiesen, dass eine Auflehnung gegen einen Diktator nicht nur legitim, sondern absolut legal ist.

Die erste deutsche Bundesregierung war allerdings zusammen mit der Justiz bemüht, so schnell wie möglich zur Tagesordnung überzugehen und sich mit dem Nationalsozialismus am besten nicht zu beschäftigen. Nicht nur alle wieder eingesetzten NS-Richter, auch große Teile der Bevölkerung mussten daher verständlicherweise davon ausgehen, dass das Hitler-Regime „vielleicht doch nicht so schlimm gewesen sei". Denn Strafverfolgungen gegen Täter aus der Nazizeit gingen nur schleppend voran. Außerdem wurden nur die kleineren Täter verfolgt; Verbrecher wie Globke und andere kamen in Staatsämter.

Diese fatale Auffassung hat sich zum Teil in den nachfolgenden Generationen verfestigt. Aus diesem Grunde musste die Gesellschaft zwingend der Meinung sein, dass das Dritte Reich letztlich nur ein bedauerlicher Betriebsunfall gewesen sei, der mit einer Niederlage endete.

Andererseits – und dies dürfte ein weiterer Grund für den sich immer stärker ausbreitenden Antisemitismus sein – ist häufig zu beobachten, wie tolerant, um nicht zu sagen großzügig mit Straftaten von Seiten der Justiz umgegangen wird, die sich aus der positiven Haltung zum Antisemitismus und den Verbrechen des Nationalsozialismus und des Hitler-Regimes ergeben.

Wenn Nazianhänger das Dritte Reich verherrlichen, in ihren häuslichen Räumlichkeiten eine große Anzahl von Hitler-Emblemen horten oder auf dem ehemaligen Reichsparteitagsgelände in Nürnberg nachts Fackelmärsche (auch in Begleitung von Polizisten) veranstalten, passiert eigentlich gar nichts. Staatsanwaltschaften in allen, nicht nur in den neuen Bundesländern scheinen in dieser Beziehung besonders tolerant und großzügig zu sein. Dies kann letztlich nur damit zusammenhängen, dass große Teile in der Justiz, aber auch in den Ermittlungsbehörden (Polizei) die ehemalige Nazi-Ideologie als durchaus vertretbar betrachten. Aber es ist einfach nicht zu übersehen, wie die Bundesrepublik und die Justiz mit diesem Problem nach der Gründung der Bundesrepublik besonders großzügig umgegangen ist und letztlich auch heute noch umgeht.

Toleranz gegenüber Rechtsradikalen in jeder Form, nicht nur bei tätlichen Angriffen, sondern auch bei jeder Art von verbalen Attacken ist völlig unangebracht und müsste eigentlich von einem demokratischen Rechtsstaat konsequent bekämpft werden. Aber leider bleibt es bei blumigen Worten und Ankündigungen. Und unsere Justiz beruft sich zu gerne auf das Grundrecht der Meinungsfreiheit (Art. 5 GG), eine besonders unsinnige Einwendung, da die freie Meinungsäußerung derartige rechtsradikale Verstöße wahrlich nicht rechtfertigt.

Wenn ein Bundesminister eine rechtsradikale Partei zu Recht offen als „staatszersetzend" bezeichnet, wird er vom Bundesverfassungsgericht gerügt, offiziell wegen der Verlautbarung aus dem Ministerium.[19] Beschämend in diesem Zusammenhang ist ebenfalls, dass in Nordrhein-Westfalen eine ganze Reihe von Polizeibeamten in Erscheinung getreten ist, die nach wie vor auch heute (2020) die nationalsozialistische Ideologie verherrlichen. Das rechtsextreme Netzwerk hatten Ermittler bei Untersuchungen in einem anderen Fall zufällig entdeckt. Dabei stießen sie auf

---

19 Innenminister S. hatte in einem Interview die AfD als staatszersetzend bezeichnet. Das Bundesverfassungsgericht gab der AfD auf ihre Beschwerde Recht. Hofer habe mit seiner Veröffentlichung *auf der Internetseite des Ministeriums* „das Recht auf Chancengleichheit im politischen Wettbewerb verletzt". (Dass die AfD fortwährend die Chancengleichheit aller rechtschaffend Denkenden verletzt, ist für das Gericht unerheblich)

Fotos von Adolf Hitler sowie auf Fahnen mit Hakenkreuz. Bei den beschlagnahmten Darstellungen stießen die Ermittler sogar auf die „fiktive Darstellung eines Flüchtlings in der Gaskammer eines Konzentrationslagers und der Erschießung von Personen mit schwarzer Hautfarbe", entsprechend der Nazi-Auffassungen. Leider gibt es bereits ähnliche Vorfälle in anderen Bundesländern.

Dennoch wird man zur Entschuldigung der Polizei als eine der wichtigsten Strukturen in unserem Staat nicht von einer Verallgemeinerung sprechen dürfen. Hier handelt es sich vielmehr um eine geringe Zahl von Polizisten und Polizistinnen, die letztlich als bedauerliche Einzelfälle angesehen werden muss.

Dennoch kann die Auffassung der Süddeutschen Zeitung nur begrüßt und ihr beigepflichtet werden. Ein notwendiges Vertrauen in die demokratische Struktur wird zerstört. Lediglich durch gezielte Maßnahmen mit Hilfe objektiv recherchierender Beamter kann dieser Unrechtstatbestand untersucht und mit allen disziplinarrechtlichen Mitteln verfolgt und geahndet wird.

Ursachen justizieller Rechtswidrigkeiten

1. Mangelnde Vergangenheitsbewältigung

Die Führungselite des Dritten Reiches wurde im Nürnberger Prozess wegen der von ihnen begangenen Verbrechen zu Recht in der Mehrzahl zum Tode verurteilt und hingerichtet. Ebenso einige Ärzte im Nürnberger Ärzteprozess. Richter wurden – mit ganz geringen Ausnahmen – im Nürnberger Prozess nicht bestraft. Von bundesdeutschen Richtern wurde kein Nazi-Richter bestraft, zumal Kollegen nicht über Kollegen, soweit diese in Westdeutschland saßen, urteilen wollten. Der Bundesgerichtshof hatte zwar 1956 festgestellt, dass beispielsweise die Verurteilung und Vollstreckung bei dem Priester Dr. Metzger „… eine vorsätzliche rechtswidrige Tötung unter dem Deckmantel der Strafrechtspflege (war)". Aber dennoch wurde kein Richter in der BRD angeklagt und auch verurteilt, selbst wenn er die schlimmsten Willkürurteile gesprochen hatte, die selbst von den Nazi-Gesetzen nicht vorgeschrieben waren. Die angeklagten Richter beriefen sich immer auf das mangelnde Unrechtsbewusstsein bei den von ihnen erlassenen Urteilen. Bundesdeutsche Richter, die über ihre straffällig geworden Kollegen zu befinden hatten, stellten dann lapidar fest, ein Richter, der kein Unrechtsbewusstsein hatte, kann nichts Strafbares begangen haben.

Und dennoch wäre es weit gefehlt, diese Verteidigungsbegründung als richtig anzunehmen. Alle Richter wussten nur zu genau, dass sie sich strafbar gemacht hatten, als sie unter dem Deckmantel der Strafrechtspflege die schlimmsten Verbrechen begingen und angeblich nur geltendes Recht angewandt hatten. Die Begründungsversuche der bundesdeutschen Gerichte, strafbare Rechtsbeugungen nachträglich für rechtmäßig zu halten, nahmen zum Teil skurrile Formen an.

Nach Auffassung bundesdeutscher Richter waren die angeklagten Richter 1943 „… überzeugte, ja fanatische Nationalsozialisten und daher (war) die Möglichkeit der Rechtsblindheit, basierend auf politischer Verblendung ... (angeblich) ... nicht auszuschließen".[20] Also mussten diese Richter nach Auffassung der bundesdeutschen Gerichte auch freigesprochen werden. Dies zeigt auch folgender Fall:

Ein Marinerichter und sein Kommandeur hatten noch nach der Kapitulation gegen Soldaten die Todesstrafe verhängt. Der Bundesgerichtshof entschied in diesem Fall, dass nach den Richtlinien des Führers und obersten Befehlshabers der Wehrmacht die Todesstrafe in Frage gekommen sei, wenn sie unbedingt notwendig war, um die Manneszucht aufrechtzuerhalten. (Dass der Führer zu diesem Zeitpunkt gar nicht mehr lebte, war für den BGH völlig irrelevant.)

Der BGH weigerte sich auch, nach objektiven Maßstäben und Wertvorstellungen unserer demokratischen Rechtsordnung zu urteilen. Der BGH stellte vielmehr fest, das damalige Kriegsgericht habe schließlich bei dem Versuch der Soldaten, nach Beendigung der Kampfhandlungen möglichst schnell nach Hause zu kommen, „rechtlich zutreffend das Vorliegen eines schweren Falls von Fahnenflucht ... bejaht".

In dieser Weise ließen sich weitere unzählige Beispiele des BGH, aber auch anderer bundesdeutscher Gerichte anführen. Sowohl dem Bundesgerichtshof als auch den übrigen Richtern war die Strafbarkeit der Richter-Urteile in der Nazizeit nicht nur bewusst, sie urteilten auch nach 1945 ganz im Sinne des Dritten Reiches. Nachdem die Richter der Bundesrepublik die Unrechtmäßigkeit ihrer eigenen (früheren) Urteile einfach nicht sehen wollten, sondern sie begründeten und gegen Angriffe verteidigten, mussten sie sich aber auch bewusst sein, dass Richter eigentlich jede Willkür als rechtmäßig einstufen konnten. Alle Richter, die nach der Kapitulation in den Anfangsjahren der BRD die Aufnahme in die Justiz beantragten, hatten Erfolg, zumal ihnen

---

20 Nach Ingo Müller, Furchtbare Juristen

trotz schwerster begangener Verbrechen eine Straftat mit Hilfe der Rechtsprechung der bundesdeutschen Gerichte, insbesondere des Bundesgerichtshofes, nicht nachgewiesen wurde und somit auch nicht nachzuweisen war.

Unter diesen Umständen hätte vermutlich selbst ein Roland Freisler, zum Schluss Präsident des Volksgerichtshofes, einer der wohl größten Verbrecher unter den Nazirichtern, mit Sicherheit in der BRD bzw. in Bayern auch noch Karriere gemacht. Bayern hat, nachdem Freisler kurz vor Ende des Krieges bei einem Luftangriff ums Leben gekommen war, wenigstens seiner Witwe großzügig geholfen. Sie erhielt, um vor Anfeindungen sicher zu sein, für ihren Sohn und sich einen neuen Namen und konnte mit der hohen Pension eines Präsidenten des Volksgerichtshofes, gezahlt vom Freistaat Bayern, im Gegensatz zu anderen Kriegerwitwen, sehr gut nach dem Kriege leben. Durch diese „Vergangenheitsbewältigung" waren und sind sich die Richter im Klaren darüber gewesen, dass sie, soweit sie von den gesetzlichen Vorschriften abweichen, letztlich nach ihrer inneren Überzeugung ohne irgendwelche Beschränkungen urteilen können. Und Fehlurteile, die es ja nach Auffassung der bundesdeutschen Justiz überhaupt nicht gibt, können, wie man feststellen konnte, sowieso niemals geahndet werden.

Wie Nazirichter nach dem Ende des Weltkrieges nicht bestraft wurden und aufgrund der Rechtsprechung des BGH auch nicht zur Rechenschaft gezogen werden konnten, waren und sind die Richter auch in der heutigen Zeit offensichtlich der Meinung, dass diese Auffassung unbestritten fortbesteht. Die bereits zahlreich aufgeführten Strafurteile weiter oben und die unzähligen Fehlurteile auch in der Bundesjustiz, die zu keinerlei Konsequenzen für die Richter geführt haben, geben wahrlich ein beredtes Beispiel.

2. Unangreifbarkeit der deutschen Richter

Wenn ein Angestellter oder ein Arbeiter eine von ihm durchzuführende Arbeit falsch hergestellt und damit dem Arbeitgeber einen Schaden zugefügt hat, gibt es verschiedene Konsequenzen. Soweit die Fehlerhaftigkeit fahrlässig, d. h. wegen mangelnder Sorgfalt ausgeführt wurde, erhält er zumindest eine Abmahnung und der Arbeitgeber kann sich auch einen Schadensersatz vorbehalten. Viele Arbeitgeber würden aber gar nicht so weit gehen, weil sie das gute Verhältnis zu ihrem Arbeitnehmer nicht aufs Spiel setzen wollen oder in der jetzigen Zeit auf jeden Angestellten dringend angewiesen sind. Bei einer bewusst begangenen Schadenszufügung wird der Arbeitnehmer allerdings mit schwerwiegenden Konsequenzen bis hin zur ordentlichen oder sogar fristlosen Kündigung des Arbeitsverhältnisses mit anschließender Möglichkeit einer Schadensersatzklage rechnen müssen.

Wenn ein Richter, als Beamter auf Lebenszeit eingesetzt, einen Fehler bei seiner Verhandlung begeht, passiert zunächst einmal überhaupt nichts. Das fehlerhafte Gerichtsverfahren wird, wenn es eine weitere Instanz gibt, eventuell von dem nächsthöheren Gericht aufgehoben, d. h. es wird korrigiert. Oder es bleibt bestehen, wenn es keine Instanz mehr gibt oder die Rechtsmittelfrist von einem Monat versäumt wurde. Hat ein Richter die Entscheidung fahrlässig, d. h. ohne die notwendige Sorgfalt erlassen, passiert ebenfalls nichts. Hat er die Entscheidung bewusst unrichtig gefällt, z. B. gegen eine gesetzliche Vorschrift oder die allgemeine, in der Rechtsprechung gewachsene Rechtsauffassung verstoßen, wird er sich auf seine richterliche Unabhängigkeit berufen und erklären, dies sei seine innerste Überzeugung gewesen. Er wird sich somit auf seine absolut autonome Rechtsauffassung berufen. Dass es sich vermutlich um ein fehlerhaftes Urteil oder sogar um ein Fehlurteil handeln könnte, wird manchem Richter niemals in den Sinn kommen.

Das Deutsche Richtergesetz (DRiG) gibt der Justizverwaltung dagegen ebenfalls keine Handhabe. Dieses Gesetz wurde bei

Gründung der Bundesrepublik und der Schaffung der neuen Bundesgerichte vor allem von Richtern des Bundesgerichtshofes konzipiert.

Der BGH unter seinem ersten Präsidenten Hermann Weinkauff, der auch Karriere unter den Nazis gemacht hatte, entwarf den Inhalt des Richtergesetzes auf Veranlassung des damaligen Justizministers Thomas Dehler (FDP). Nachdem fast alle Richter unter der Hitlerherrschaft an Todesstrafen aktiv mitgewirkt hatten – man spricht von ca. 50.000 bis 80.000 Todesurteilen, von denen ca. 80% vollstreckt wurden, ging es den neuen Richtern der Bundesrepublik zunächst einmal hauptsächlich darum, ein Richtergesetz zu entwerfen, mit dessen Hilfe die ehemaligen Nazirichter, also sie selbst, aber auch alle sonstigen Richter, unangreifbar blieben.

Selbst das Deutsche Richtergesetz in der Fassung vom 19. April 1972 bietet der Justiz keine Möglichkeit, einen Richter wegen einer vorsätzlichen Falschbeurteilung zur Rechenschaft zu ziehen.

Die Vorschrift des § 18 DRiG regelt die Nichtigkeit der Ernennung eines Richters, wenn bestimmte Voraussetzungen nicht vorlagen. Nach § 19 DRiG kann die Ernennung zurückgenommen werden, wenn nicht bekannt war, dass der Ernannte ein Verbrechen oder Vergehen begangen hatte, das ihn der Berufung in das Richterverhältnis unwürdig erscheinen lässt. In Abs. 3 dieser Vorschrift ist aber zusätzlich noch festgelegt, dass die Ernennung zum Richter auf Lebenszeit oder zum Richter auf Zeit ohne schriftliche Zustimmung des Richters nur auf Grund rechtskräftiger richterlicher Entscheidung zurückgenommen werden kann. Richter auf Probe bzw. Richter kraft Auftrags können leichter aus dem Amt entfernt werden.

Nach § 24 DRiG endet das Dienstverhältnis eines Richters, wenn er durch Urteil eines deutschen Gerichts (nicht eines ausländischen Gerichts) im Geltungsbereich dieses Gesetzes entweder zu einer Freiheitsstrafe von mindestens einem Jahr wegen einer vorsätzlichen Tat oder zu einer Freiheitsstrafe wegen vorsätzlich begangenen Hochverrats und anderen schweren Delikten rechtskräftig verurteilt worden ist.

Gemäß § 26 DRiG untersteht der Richter auch der Dienstaufsicht, wobei auch eine ordnungswidrige Art der Ausführung der Amtsgeschäfte und eine nicht ordnungsgemäße und verzögerte Erledigung der Amtsgeschäfte an sich abgemahnt werden könnte. Behauptet der Richter allerdings, eine solche Maßnahme beeinträchtige seine richterliche Unabhängigkeit, muss auf seinen Antrag ein Gericht darüber entscheiden. Aufgrund richterlicher Entscheidung könnte der Richter im Disziplinarverfahren theoretisch auch seines Amtes enthoben werden. Diese Vorschrift (§ 26 DRiG) hat hier aber auch eine bedeutsame Sperre gesetzlich eingebaut. Würde beispielsweise der Vorsitzende hinsichtlich einer gesetzlich nicht ordnungsgemäßen Verfahrensweise abgemahnt werden, könnte er sich darauf berufen, dass die Gestaltung des Rechtsstreits und die Beurteilung der Sach- und Rechtslage eine untrennbare Einheit bilden. In diesem Fall würde er sich berechtigterweise auf § 26 Abs. 1 berufen können, wonach seine richterliche Unabhängigkeit nicht beeinträchtigt werden darf. Und der Abs. 2 verstärkt noch dieses Argument, wonach eine Dienstaufsicht nur erfolgen kann, wenn die richterliche Unabhängigkeit nach Abs. 1 nicht tangiert ist.

Nach § 339 des Strafgesetzbuches ist es schließlich möglich, einen Richter wegen Rechtsbeugung zur Verantwortung zu ziehen. Eine solche Rechtsbeugung liegt vor, wenn er bei der Leitung oder Entscheidung einer Rechtssache vorsätzlich zugunsten oder zum Nachteil einer Partei entschieden hat. Die Freiheitsstrafe kann von einem Jahr bis zu fünf Jahren lauten. Allerdings schränkt der Bundesgerichtshof den Tatbestand einer Rechtsbeugung im Sinne von § 339 StGB in ständiger Rechtsprechung erheblich dahingehend ein, dass nicht jede Rechtsverletzung damit erfasst ist. Die Rechtsverletzung muss vielmehr einen „elementaren Verstoß gegen die Rechtspflege" beinhalten.

Nach Auffassung des BGH kann somit eine strafbare Rechtsbeugung nur dann vorliegen, wenn sich der Richter „bewusst und in schwerer Weise von Recht und Gesetz entfernt" hat. Die Unvertretbarkeit einer Entscheidung soll daher den Tatbestand einer Rechtsbeugung nicht ohne weiteres erfüllen. Eine Unvertretbarkeit dürfte somit nur vorliegen, wenn ein anderer Richter eine solche Entscheidung wirklich für „absolut abwegig" hält.

Die Tat kann nur vorsätzlich begangen werden, wobei sich der Vorsatz darauf richten muss, zugunsten bzw. zu Ungunsten einer Partei das Recht zu verletzten. Eine vollendete Rechtsbeugung dürfte daher die absolute Ausnahme sein, zumal sich der Richter immer darauf berufen kann und wird, dass er bei seiner Entscheidung keinerlei Unrechtsbewusstsein hatte, sondern ausschließlich nach seiner Überzeugung urteilte. Er sei vielmehr davon ausgegangen, rechtmäßig entschieden zu haben. Diesen Einwand haben auch die angeklagten Richter aus der Nazizeit immer erfolgreich angewandt, so dass es zu keiner Verurteilung kam.

Da es diesbezüglich auch keinerlei Statistik in der Justiz gibt, muss letzten Ende davon ausgegangen werden, dass in Deutschland Verfahren gegen Richter wegen Rechtsbeugung praktisch so gut wie nicht vorkommen. Das macht natürlich einen Richter im Grunde genommen unangreifbar.

Ein Obdachloser, der in einer Kirche einen Opferstock aufbricht und bei seinem Strafverfahren dem Richter sagen würde, er hatte kein Unrechtsbewusstsein, weil er so großen Hunger hatte, könnte sich bei seiner Tat nicht auf das fehlende Unrechtsbewusstsein berufen.

Ist ein Gericht, das für sein Fehlurteil im Grunde genommen kaum zur Verantwortung gezogen werden kann, eigentlich noch ein rechtsstaatliches Gericht?

Dass die Richter unabhängig sind und von niemandem, insbesondere auch nicht von den anderen Gewalten, der Legislative und der Exekutive, beeinflusst werden können, ist ein wichtiges Indiz für die Rechtsstaatlichkeit der Justiz. Dies kann und darf jedoch nicht mit der richterlichen Unangreifbarkeit verwechselt werden. Dass Richter aber auch ohne irgendwelche Sanktionen unrichtig Recht sprechen können, stellt die Rechtsstaatlichkeit der Judikative doch sehr in Frage.

Um es noch einmal klar festzustellen. Ein entstandener Fehler kann und wird dem Richter niemals ernsthaft vorgeworfen werden können. Fahrlässige Fehler können jedem passieren. Vorsätzliche Fehler hingegen, d. h. gesetzliche Regelungen, die vom Parlament erlassen wurden, aus reiner Willkür nicht anzuwenden, muss als ein widerrechtliches Verhalten innerhalb der Justiz angesehen und müsste letztlich auch geahndet werden können.

Die Unangreifbarkeit eines Richters zeigt sich im Übrigen auch daran, dass ein Ablehnungsantrag wegen Befangenheit sehr leicht unwirksam sein kann. In dem Kapitel „Kein Interesse für Flüchtlinge" (auf Seiten 34 ff) war das Gericht ganz offensichtlich befangen: Ein Rechtsstreit über ein Kündigungsverfahren ist nach § 61a ArbGG vorrangig, d. h. er soll innerhalb von zwei Wochen nach Klageerhebung stattfinden. Tatsächlich begann er erst nach ca. zwei Monaten. Der Arbeitgeber trug vor, die Forderungsklage sei unverständlich und unschlüssig, was die Gerichtsvorsitzende im Gütetermin einfach wiederholte. Eine Überprüfung der Forderungsklage war für die Vorsitzende offensichtlich nicht opportun. Außerdem war nach gerichtlicher Auffassung der Anspruch verfallen, obwohl vertraglich (und auch gesetzlich) eine Verfallsfrist für den Mindestlohn ausgeschlossen war. Dennoch sprach das von der Richterin unterzeichnete Protokoll von einer „Erörterung der Sach- und Rechtslage". Dem Gericht ging es nur um den Abschluss eines Vergleichs. Der klägerische Ablehnungsantrag war somit selbstverständlich als begründet anzusehen. Eine Beschwerde dagegen ist allerdings gesetzlich unzulässig. Die abgelehnte Richterin hatte aber dann doch so viel Anstand und Achtung vor dem Gesetz, dass sie sich wenigstens selbst ablehnte.

Daraus darf wohl der Schluss gezogen werden, dass der Richter in unserem Rechtssystem trotz Fehlverhalten in der Rechtsprechung praktisch kaum angreifbar ist.

3. Fehlerhaftes veraltetes Strafverfahrensrecht

Eine weitere Ursache richterlichen Fehlverhaltens ist das veraltete, nicht mehr zeitgemäße deutsche Strafverfahrensrecht.

a) Mangelhaftes Ermittlungsverfahren

Die Ursachen für Fehlurteile liegen zunächst in den häufig fehlerhaften Ermittlungsverfahren. Natürlich ist die Justiz, das kann man uneingeschränkt unterstellen, bestrebt, Fehlurteile zu vermeiden. Bei der Überprüfung, ob die Durchführung eines Strafverfahrens überhaupt gerechtfertigt ist, steht der Staatsanwalt dabei vor besonderen, nicht leicht zu erfüllenden Aufgaben: Der Staatsanwalt, ebenso wie der Richter, mit zwei Staatsexamina ausgebildet, hat die Ermittlungen in einer Strafsache aufzunehmen und bis hin zu einer möglichen Anklageerhebung durchzuführen. Nach § 160 Abs. 2 StPO hat die Staatsanwaltschaft nicht nur alles zu ermitteln, was zu einer Verurteilung führen kann. Der Staatsanwalt muss (oder müsste) auch sämtliche Umstände ermitteln, die den Beschuldigten und späteren Angeklagten entlasten können. Die Kommentatoren zur Strafprozessordnung sprechen hier leicht überheblich davon, dass mit der gleichen Sorgfalt und Objektivität auch entlastende Umstände zu ermitteln seien. Dabei berufen sie sich darauf, dass sich diese Verpflichtung zur sorgfältigen Ermittlung auch entlastender Umstände schließlich aus dem rechtsstaatlichen (!) Gebot des fairen Verfahrens ergebe.

Die wohlklingende Begründung entspricht leider in sehr vielen Strafverfahren kaum der Wirklichkeit. Die Staatsanwaltschaft bezeichnet sich zwar als „objektive Behörde", aber es gibt nicht nur fehlerfrei arbeitende Staatsanwälte. Viele ihrer Kollegen ermitteln oft ausschließlich in der Weise, dass sie in dem Strafverfahren als Sieger hervorgehen und dadurch auch hoffen, schneller Karriere zu machen. Geständnisse, eigentlich die sicherste Überführung des Täters, können dann zu unrichtigen Ergebnissen führen, wenn es dem Täter an der notwendigen Intelligenz fehlt oder ihn Ermittlungsbeamte so lange befragt haben, bis endlich das im Sinne des Ermittlungsverfahrens erwünschte Ergebnis vorliegt. Besonders riskant sind Aussagen gegen Aussagen, wenn dem vermeintlichen Opfer eher geglaubt wird als dem „verdächtigten Täter".

Indizien sind grundsätzlich kein Beweis, sondern immer nur Hinweise für einen möglichen Tathergang. Besonders gefährlich bei der Wahrheitsfindung können Sachverständige sein, die entweder die absolute Kompetenz suggerieren oder ein Ergebnis als unumstößlich bezeichnen. Schließlich kann auch die vermeintliche Schuldfähigkeit in einem Gutachten ein Fehlurteil ermöglichen.

In all diesen Fällen ist es Sache eines menschlich hervorragenden Gerichtsvorsitzenden, alle Eventualitäten zu überprüfen und eine vorschnelle Entscheidung in jedem Fall zu vermeiden. Hinzu kommt außerdem noch, dass die Staatsanwaltschaften, hauptsächlich bei kleineren Delikten, nicht selbst die Anklage vertreten, sondern vielmehr einen jüngeren Staatsanwalt (oft angeblich aus Gründen der Ausbildung) mit der Anklagevertretung im Termin beauftragen. Dieser junge Staatsanwalt hat in aller Regel außer der Anklageschrift keinerlei Kenntnisse über das zu verhandelnde Strafverfahren. Es ist daher nur zu verständlich, dass sich solche Anklagevertreter an die Anklageschrift klammern. Leider gibt es dabei auch Fälle, in denen die Staatsanwälte entweder entlastende Beweismittel bewusst unterschlagen oder vor Gericht die Unwahrheit sagen, um sich keine Blöße zu geben.

So verurteilte zum Beispiel das Landgericht Hannover einen Straßenbahnfahrer, Vater von drei Kindern, wegen Vergewaltigung einer Fünfzehnjährigen. Die Eltern des Mädchens waren mit der Familie des Angeklagten befreundet. Der Angeklagte wurde zu einer Freiheitsstrafe von zwölf Jahren und acht Monaten verurteilt. Kurze Zeit nach der Verurteilung beschuldigte das Mädchen weitere Personen wegen einer Reihe von Sexualdelikten. Dabei stellte sich heraus, dass die Beschuldigungen alle unwahr waren. Anstatt diese erneute Beschuldigung, die ebenfalls erlogen war, dem Bundesgerichtshof vorzulegen, der gerade über die Revision des Angeklagten zu entscheiden hatte, verschwieg der Staatsanwalt diese Umstände.

Dass der BGH das schriftliche Urteil und eventuell das Verfahren vor dem Landgericht überprüft, kann das Verhalten des Staatsanwaltes nicht entschuldigen. Einem Organ der Rechtspflege wie diesem Staatsanwalt sollte es vordringlich um die Wahrheit gehen. Und die könnte in verschiedenster Weise hier in diesem aufgeführten Sachverhalt zur Geltung gebracht werden. Die Revision, die lediglich mit der Unglaubwürdigkeit des Mädchens begründet war, wurde natürlich verworfen. Erst in einem erneuten Verfahren, in dem wiederum falsche Anschuldigungen erhoben worden waren, räumte die Staatsanwaltschaft die Existenz dieses früheren Protokolls kleinlaut ein. Nach fünfeinhalb Jahren kam der angeklagte Straßenbahnfahrer endlich frei. Seit dieser Zeit ist er arbeitsunfähig und lebt von Hartz IV.

Mit Sicherheit dürfte davon auszugehen sein, dass dieser Staatsanwalt munter weiterarbeitet und auch erfolgreich Karriere macht. Die Tatsache, dass auch das Strafgericht selbst sich um den wahren Sachverhalt zwingend bemühen müsste, hatte dem angeklagten Straßenbahnfahrer absolut nichts geholfen, selbst wenn man in der deutschen Justiz eine besondere Gründlichkeit gerne voraussetzt.[21]

Wie leichtfertig und bewusst rechtswidrig Staatsanwaltschaften mit der Wahrheit umgehen, beweist auch der Fall des Fernsehmoderators K. In dieser Strafsache hatte der zuständige Staatsanwalt nach der Verhandlung noch Lügen gegenüber der Presse verbreitet. Nach dem erfolgten Freispruch und der Beendigung des gesamten Strafverfahrens musste der Staatsanwalt erst noch

---

21 zitiert nach Richter Patrick Burow, Lexikon der Justizirrtümer

von dem unschuldig angeklagten Staatsbürger auf Unterlassung verklagt werden, in Zukunft seine unwahren Behauptungen (d. h. seine Lügen), als Organ der Rechtspflege bei der deutschen Justiz nicht mehr zu wiederholen.

Da solche Vorkommnisse leider keine Einzelfälle sind, stellt sich die Frage: kann man in eine solche Justiz wirklich noch Vertrauen haben?

b) Unsinniger Eröffnungsbeschluss

Im Zivilverfahren erhebt der Kläger, der glaubt, einen Anspruch gegen einen Beklagten zu haben, Klage beim zuständigen Gericht. In der Klage wird der Kläger bzw. sein Anwalt alle Gründe aufführen, die für eine Begründetheit der Klage sprechen. Eventuell wird er auch Gesichtspunkte anführen, die scheinbar der Klage widersprechen oder mit denen von Seiten der Gegenseite zu rechnen sein wird. Außerdem wird der Kläger alle Beweismittel in der Klageschrift bereits anführen, die die Richtigkeit des Klageanspruchs untermauern. Auf die schriftlich eingereichte Zivilklage setzt das Gericht alsbald einen Termin fest, zu dem der Kläger und der Beklagte geladen werden. Eventuell werden auch schon jetzt die Zeugen und ein möglicher Gutachter geladen. In dem anberaumten Termin beginnt das Verfahren, ohne dass es eines besonderen Beschlusses bedarf.

Anders im Strafverfahren. Hier ermittelt zunächst die Staatsanwaltschaft, eventuell zusammen mit der Polizei, ob ein Straftatbestand gegen eine Person gegeben sein könnte (§ 158 ff Strafprozessordnung (StPO). Dabei wird der Sachverhalt erforscht (§ 160 StPO), wobei das Ermittlungsverfahren der Klärung eines Verdachts dient. Der Beschuldigte, der Gegner des Staatsanwalts, bleibt über die Verdachtsgründe vorläufig im Unklaren. Der Staatsanwalt sammelt die persönlichen Beweismittel (Zeugen und Sachverständige) und die sachlichen Voraussetzungen (z. B. Urkunden) und erhebt öffentliche Anklage, wenn ein hinreichender Tatverdacht vorliegt. Die Anklageschrift, vergleichbar in etwa mit der schriftlichen Klage, nennt das Gericht, den Verteidiger, die Beweismittel und das wesentliche Ergebnis der Ermittlungen (§ 200 StPO) und übersendet sie dem zuständigen Strafgericht, womit die Strafsache anhängig ist. Eine Verhandlung kann aber noch nicht stattfinden. Zuerst muss noch das Gericht entscheiden, ob es die Anklage überhaupt zulässt.

Bejaht der Richter dies, erlässt er einen Eröffnungsbeschluss. In diesem Beschluss stellt das Gericht fest, dass es die Anklage tatsächlich zulässt, wenn der Angeschuldigte einer Straftat hinreichend verdächtig ist. Damit ist die Strafsache rechtshängig. Das Gericht prüft also sorgfältig, ob der vom Staatsanwalt vorgetragene Sachverhalt nach Maßgabe des Akteninhalts die vorläufige Tatbewertung der Staatsanwaltschaft ergibt und dass die Verurteilung des Angeschuldigten wahrscheinlich ist (§ 203 StPO). Durch den Eröffnungsbeschluss wird der Angeschuldigte zum Angeklagten. Dass das Gericht diese Prüfung so sorgfältig wie möglich vornimmt, muss als positiv angemerkt werden. Denn dadurch kann der Staatsanwalt nicht von sich aus bestimmen, ob ein Strafverfahren, möglicherweise gegen einen unbescholtenen Staatsbürger, überhaupt durchzuführen ist.

Das Fatale an diesem Verfahren ist die Notwendigkeit eines vorangehenden Eröffnungsbeschlusses durch das Strafgericht. Denn diesen Eröffnungsbeschluss erlässt ausgerechnet jener Richter, der anschließend auch die Strafverhandlung leitet und schließlich zum Schluss darüber zu entscheiden hat, ob der Angeklagte beispielsweise aus Mangel an Beweisen freizusprechen oder zu verurteilen wäre.

§ 199 Abs. 1 Strafprozessordnung lautet: „Das für die Hauptverhandlung zuständige Gericht entscheidet darüber, ob das Hauptverfahren zu eröffnen oder das Verfahren vorläufig einzustellen ist".

Ein Richter, um bei dem Beispiel des oben genannten Zivilverfahrens zu bleiben, hätte ein Problem, würde er sich vor der

Verhandlung dahingehend äußern, die Zivilklage dürfte hinreiche Aussicht auf Erfolg haben. Dann müsste er mit Sicherheit wegen Besorgnis der Befangenheit nach § 42 Abs. 1 ZPO mit einer Ablehnung rechnen oder sich selbst ablehnen. Für den Angeklagten im Strafverfahren gibt es ein solches Ablehnungsrecht natürlich nicht. Denn vor dem Erlass des Eröffnungsbeschlusses wird dem Angeschuldigten (dem späteren Angeklagten) nur die bevorstehende Anklageerhebung mitgeteilt. Er kann nur die Vornahme einzelner Beweiserhebungen beantragen oder Einwendungen gegen den Eröffnungsbeschluss selbst vorbringen. Die Strafprozessordnung geht schon seit dem neunzehnten Jahrhundert davon aus, dass das zuständige Strafgericht auch diesen Eröffnungsbeschluss selbst erlassen muss.

Für den Karlsruher Kommentar zur Strafprozessordnung, der im Wesentlichen von Richtern der Bundesgerichte bearbeitet und kommentiert wird, ist der Wert dieses Eröffnungsbeschlusses sowieso umstritten. Wenn es hinsichtlich dieses Eröffnungsbeschlusses um die nicht zu leugnende Gefahr einer Voreingenommenheit des Richters geht, meint der Kommentar ebenso lapidar wie treuherzig, diese Gefahr bestünde nicht. Diese Annahme der möglichen Befangenheit sei schließlich nicht gerechtfertigt. Und die Kommentatoren fahren dann etwas naiv fort: „Das beweist die Vielzahl der in solchen Verfahren ergangenen Freisprüche" (Vorbemerkung zu § 199, Anm. 4 Löwe-Rosenberg, StPO-Kommentar).

Wie grob unrichtig diese Auffassung der mit Sicherheit ehrenwerten Kommentatoren ist, beweisen schon die zahlreichen (weiter oben geschilderten) Fehlurteile, die im Übrigen die Justiz grundsätzlich nicht zur Kenntnis nehmen will.

Im Strafverfahren gegen Vera Brühne (siehe oben Nr. 6) beruhte die Annahme der Täterschaft der Angeklagten und die Anklagen ausschließlich auf der Anzeige, die der Sohn des Opfers erhoben hatte. Die (angebliche) Schuld der Angeklagten beruhte des Weiteren auf zwei Zeugenaussagen, die das Gericht, hätte es im Sinne des Rechts entschieden, kaum hätte verwerten dürfen.

Obwohl zahlreiche Indizien gegen die Täterschaft der Angeklagten sprachen, waren die Richter des Schwurgerichts München ganz offensichtlich bei ihrer Auffassung geblieben, die sie bei dem Erlass des Eröffnungsbeschlusses eingenommen hatten.

Der zu Unrecht verurteilte Lehrer, der wegen eines angeblichen Sexualdelikts angeklagt war, wurde ebenfalls Opfer einer Auffassung, die der Vorsitzende Richter im Eröffnungsbeschluss gefasst hatte. Gerade in diesem Strafverfahren, in dem Aussage gegen Aussage stand, hatte sich die Meinung des Gerichts zu Ungunsten des Angeklagten offensichtlich bereits derart verfestigt, dass Zweifel und ein eventuelles „in dubio pro reo" (im Zweifel für den Angeklagten) überhaupt nicht mehr in Betracht kam. Nachdem der Richter im Eröffnungsbeschluss diese Meinung vertrat, hatte somit der (unschuldig) angeklagte Lehrer überhaupt keine Chance mehr auf ein faires Verfahren. Er musste die Tat schließlich begangen haben.

Besonders deutlich wird diese Verstrickung zwischen Eröffnungsbeschluss und durchgeführtem Strafverfahren mit anschließender Verurteilung im Fall W. (siehe oben Nr. 2). Ausgerechnet die Polizeidirektion Pforzheim, der sowohl das Opfer als auch ein Verdächtiger angehörten, hatte in diesem Fall die Ermittlungen selbst durchgeführt. Wenn schon nicht die Polizeibeamten selbst auf diese absolut unzulässige Verknüpfung hinwiesen, hätte dies wenigstens der Staatsanwaltschaft und dem Gerichtsvorsitzenden auffallen müssen. In solch einem wichtigen Strafverfahren setzt der Vorsitzende, der natürlich ebenfalls den Eröffnungsbeschluss erlassen hatte, lediglich vier (!) Verhandlungstage an. Er war sich der Schuld des Angeklagten absolut sicher, nachdem er auch den Eröffnungsbeschluss gemäß dieser Auffassung erlassen hatte. Bei nur minimaler Sorgfalt hätte dem Vorsitzenden Richter auffallen müssen, dass das Opfer und ein zumindest möglicher anderer Täter in derselben Behörde bisher zusammengearbeitet hatten. Nachdem der Vorsitzende Richter aber vor dem Eröffnungsbeschluss durch den Staatsanwalt den Täter genannt erhielt, er offensichtlich auch noch an seine bevorstehende Pensionierung dachte, wurde aufgrund der einmal gefassten Meinung des Richters der Angeklagte Harry W. für schuldig erklärt und verurteilt.

Die Auffassung der oben benannten Kommentatoren der Strafprozessordnung, die Meinung des Richters im Eröffnungsbeschluss beeinflusse nicht die Hauptverhandlung, kann daher eine immer kritischere Öffentlichkeit keinesfalls mehr überzeugen, allenfalls die selbstherrliche Justiz.

Im 19. Jahrhundert, als die Strafprozessordnung geschaffen wurde, waren Gesichtspunkte wie Zweifel an der Rechtsstaatlichkeit oder Voreingenommenheit eines Richters noch unvorstellbar. Heute gibt sich die Allgemeinheit mit derartigen Redensarten der Justiz nicht mehr zufrieden. Durch Medien, Funk und Fernsehen aufmerksam gemacht, will sie sämtliche Hintergründe erfahren.

In der Zivilprozessordnung (ZPO) ist ein bestellter Schiedsrichter, der dieselbe Funktion wie ein gesetzlicher Richter hat, kraft Gesetzes verpflichtet, „... alle Umstände offen zu legen, die Zweifel an (seiner) Unparteilichkeit ... wecken können" (§ 1036 Abs. 1 ZPO). Ein Schiedsrichter, der in einem Schiedsverfahren die eine Partei als mögliche obsiegende Partei bezeichnen würde, müsste sich daher selbst ablehnen. Ein gesetzlicher Strafrichter entscheidet dagegen trotz seiner festgestellten Überzeugung darüber, ob das Hauptverfahren zu eröffnen ist oder nicht (§ 199 Abs. 1 StPO). Eröffnen wird er nur, wenn hinreichender Tatverdacht vorliegt. Zweifel an der Strafbarkeit des Beschuldigten wird er nicht haben. Es genügt hinreichender Tatverdacht. Zweifel stehen dem Erlass eines Eröffnungsbeschlusses nicht entgegen. Allerdings ist auch absolute Sicherheit, dass es zu einer Verurteilung kommt, nicht erforderlich. Der Eröffnungsbeschluss durch den Strafrichter kann daher die Zweifel an der vermuteten Voreingenommenheit des Vorsitzenden nicht beseitigen.

Gelegentliche Freisprüche in Strafprozessen können eine derartige Voreingenommenheit der Richter daher ebenfalls nicht rechtfertigen.

c) *Bürokratische Protokollierungsregeln*

Ursächlich für Fehlurteile sind auch Verfahrensregelungen wie z. B. über die Protokollierung eines Strafverfahrens in der Hauptverhandlung.

Wenn ein Strafverfahren durchgeführt wird, bei dem es um die Frage geht, ob eine Person eine Straftat begangen hat und welche Sachverhalte für die Begehung der Straftat festzustellen sind, dann muss dies protokoliert, d. h. in einer Niederschrift festgehalten werden. Andernfalls kann man nicht mehr eindeutig klären, was zu Gunsten bzw. zu Lasten des Angeklagten von den einzelnen Zeugen, den Sachverständigen oder anderen Beteiligten des Strafverfahrens ausgesagt worden ist. Der deutsche Gesetzgeber hat dies bereits im 19. Jahrhundert bei Schaffung der Strafprozessordnung als wichtig und entscheidend angesehen und deshalb in einem Halbsatz angeordnet: „Über die Hauptverhandlung ist ein Protokoll aufzunehmen" (§ 271 Abs. 1 Satz 1, 1. Halbsatz).

Damit wäre eigentlich das Wichtigste gesagt. Dann stünde nämlich endgültig fest, dass sämtliche Handlungen und jedes Wort innerhalb eines Strafverfahrens über die Hauptverhandlung nicht nur ungeheuer wichtig sind, sondern auch minutiös im Protokoll festgehalten werden. So könnten jederzeit alle Erklärungen, Aussagen und deren genaue Formulierungen bei weiteren Terminen und bei weiteren Verhandlungen, beispielsweise in der Revisionsverhandlung vor dem Bundesgerichtshof, abrufbar sein. Alles Gesagte wäre vorhanden, ohne dass es zu Unstimmigkeiten und Zweifeln kommen müsste.

Im Justizwesen der Vereinigten Staaten von Amerika, das sicherlich nicht in allen Bereichen als vorbildlich anzusehen ist, werden sämtliche Vorgänge protokolliert. Der Protokollbeamte gibt alles in die betreffende Maschine ein, die dann später das Gedruckte auswirft, so dass jedes Wort, jede Formulierung und damit alles Wichtige (jede Nuance im Strafverfahren ist wichtig) nachzulesen ist. In Deutschland gilt dieses Verfahren übrigens auch, allerdings nur bei den Bundestagsdebatten und in den Landesparlamenten.

Wer glaubt, so müsste es eigentlich auch im Strafverfahren in der deutschen Justiz sein, unterliegt wiederum einem gewaltigen Irrtum. Denn er hat völlig verkannt, dass der deutsche Gesetzgeber in seiner Regulierungswut zwar zunächst einmal alles gesetzlich regelt. Er übersieht aber, dass es im deutschen Justizwesen viel mehr auf die bürokratische Regelung ankommt als auf das eigentlich Wesentliche, nämlich den genauen Wortlaut in einem wichtigen Strafprozess, z.B. einem Schwurgerichtsverfahren, wo es um die Höchststrafe geht.

Die bereits zitierte Vorschrift des § 271 StPO regelt als erstes, dass dieses Protokoll von dem Vorsitzenden Richter und von dem Protokollanten, dem Urkundsbeamten der Geschäftsstelle, unterschrieben werden muss. Weiterhin ist in der Niederschrift der Tag der Fertigstellung des Protokolls anzugeben. Wer aber jetzt der Meinung ist, dass damit alles Wichtige bezüglich der Protokollierung geregelt wäre, verkennt die in Deutschland herrschende bürokratische Regelungswut. Die wesentlichen Vorschriften in der Strafprozessordnung zur Protokollierung sind unter anderem die §§ 168 bis 168d, 224 und 249 sowie die Vorschriften von §§ 271 bis 275; in diesem Zusammenhang allein zehn ausführlichste Regelungen. Der Gesetzgebung und damit vor allem auch der Rechtsprechung ist es aber besonders wichtig, über Berichtigung und Ergänzung einer Niederschrift, über die mögliche Verhinderung einer Unterzeichnung und mögliche Nachholung eine Regelung zu schaffen, soweit diese genannten Handlungen unterblieben sind.

Außerordentlich bedeutsam in diesem Zusammenhang erscheint dem Gesetzgeber dabei auch die Feststellung, dass es eine feste Zeitgrenze für die Berichtigung nicht gibt. Die Kommentatoren meinen hierzu, dass eine solche Grenze praktisch „… durch die Grenze der Erinnerungsfähigkeit (!) der Urkundsbeamten gezogen (wird)".

Mit anderen Worten, im deutschen Strafverfahrensrecht sind auch die Erforschung und das Festschreiben der gefundenen Sachverhalte mit sämtlichen Nuancen im Protokoll in einem Strafverfahren offensichtlich nicht so entscheidend. In § 273 StPO ist nun, was den eigentlichen wichtigen und umfassenden Inhalt anbelangt, vorgeschrieben, dass lediglich die *wesentlichen* Ergebnisse der Hauptverhandlung wiederzugeben sind. Wesentlich sind dem deutschen Gesetzgeber die Förmlichkeiten für sämtliche Prozesshandlungen, die für die Gesetzmäßigkeit des Verfahrens von Bedeutung sind, nicht aber das eigentlich Wichtige, nämlich was in diesem Strafprozess von sämtlichen Prozessbeteiligten alles gesprochen worden ist, um die Wahrheit zu finden.

Zu den wesentlichen Punkten für den Gesetzgeber zählen unter anderem (nur ausschnittsweise) der Aufruf der Sache, geregelt in § 243 Abs. 1, Satz 1 StPO.

Für den Gesetzgeber und damit für die deutsche Justiz ist es wichtig, dass den Beteiligten gesagt wird: „Jetzt beginnt das Verfahren".

Der Aufruf der Sache dient der Unterrichtung aller Verfahrensbeteiligten, die vor dem Sitzungssaal auf die Verhandlung warten und der Öffentlichkeit, dass die Hauptverhandlung jetzt beginnt. Diese Vorschrift ist wieder eine typisch deutsche Regelung. Sie ist nämlich, trotz der immensen Regelungswut des Gesetzgebers dennoch unvollständig. Denn sie sagt nicht ausdrücklich, wer die Sache aufzurufen hat. Der Kommentator meint allerdings, dass der Aufruf zum Beginn der Verhandlung der erste Teil der Hauptverhandlung ist und die Leitung der Verhandlung nach § 238 StPO dem Vorsitzenden Richter obliegt. Dieser sei dann auch zum Aufruf der Sache berechtigt. Ganz entscheidend dabei ist für den Gesetzgeber, dass der Vorsitzende Richter, so die Kommentatoren, diesen Aufruf auch durch andere ausführen lassen kann. Der Kommentar, nicht das Gesetz, geben dazu freundlicherweise die Hilfestellung, dass dies beispielsweise auch durch den Protokollführer oder auch durch den Gerichtswachtmeister geschehen kann. Sehr bedeutsam für den Beginn einer ordnungsgemäßen Strafverhandlung ist nach dem Willen des Gesetzgebers, dass die Anordnung selbst zum Aufruf stets der Gerichtsvorsitzende zu treffen habe.

Wesentliche Förmlichkeit für das Protokoll ist die Feststellung, dass die Zeugen und Sachverständigen vernommen bzw. nicht vernommen worden sind. Ferner ist von Bedeutung, in welcher Reihenfolge die Zeugen und die Sachverständigen vernommen wurden. Daneben gibt es einige Förmlichkeiten, die auch nach der Auffassung der Rechtsprechung und der Kommentatoren unwesentlich für eine ordnungsgemäße gerichtliche Niederschrift sind. Dazu gehört die Anwesenheit von Zeugen und Sachverständigen. Und dazu gehört vor allem auch der genaue Wortlaut der Bekundungen von Zeugen und Sachverständigen.

Um es noch einmal klarzustellen: für eine gesetzlich ordnungsgemäße Hauptverhandlung in Strafsachen ist es nach Auffassung der deutschen Justiz und des deutschen Gesetzgebers nicht wesentlich, was die Zeugen und Sachverständigen im Einzelnen ausgesagt haben. Die Strafprozessordnung hält es nicht für bedeutsam im Sinne eines Strafverfahrens, wie die befragten Zeugen ihre Aussage im Einzelnen formuliert haben, welche Ausdrücke sie gebrauchten, was für sie im Sinne der Aussage wesentlich war.

Dasselbe gilt auch für die Aussagen eines Sachverständigen. Mit welchem genauen Wortlaut hat er die gutachtliche Stellungnahme dem Gericht kundgetan. In beiden Fällen reicht eine ungefähre Inhaltsangabe, die der Protokollführer in seine Niederschrift aufnimmt.

Nach Auffassung der Justiz gibt ja das Gericht selbst die wesentlichen Angaben über Zeugenaussagen und gutachtliche Stellungnahmen in seinem von ihm verfassten Urteil wieder. Er, d.h. der Vorsitzende Richter, nimmt die entscheidenden Sachverhaltsangaben in seine Urteilsbegründung auf. Das Revisionsgericht muss sich dann anhand der Begründung des (angefochtenen) Strafurteils heraussuchen, welche Aussagen die Zeugen und Sachverständigen im Einzelnen gebracht haben könnten.

Es ist wirklich absurd, dass dem Gericht nicht die genaue Wiedergabe das Sachverhalts (Tatbestand) vorgeschrieben wird. Wie genau er den Sachverhalt in seine Entscheidung aufnimmt, bleibt ihm allein überlassen, so dass es nicht abwegig erscheint, dass der Richter den Sachverhalt letztlich nach seinem Urteil gewollt oder nicht so darstellt, dass die getroffene Entscheidung in sich schlüssig erscheint. Das Gravierende und viel Schlimmere an dieser Regelung ist demnach, dass es der Vorsitzende Richter in der Hand hat, bewusst oder vielleicht auch unbewusst das erlassene Strafurteil so zu begründen, dass aus der Entscheidung ein bestimmter Sachverhalt herauskommt, der dann die Grundlage einer Revisionsinstanz ist bzw. sein kann.

Im 19. Jahrhundert, als die Strafprozessordnung und das Strafgesetzbuch konzipiert und geschaffen wurden, wären natürlich solche Überlegungen völlig unverständlich gewesen. In dieser Zeit ging man einfach davon aus, dass die Richter alles richtig machen würden. Heute ist das anders. Da fragt die Gesellschaft (nicht nur ein unbedeutender Autor) nach, wie es dazu kommen kann, dass so viele Fehlurteile in der deutschen Justiz erlassen werden.

Deswegen ist es selbst für einen bundesdeutschen Richter (im Gegensatz zur bundesdeutschen Justiz) mit dem Buchtitel „Lexikon der Justizirrtümer" mittlerweile zu viel, was alles bei einem Strafverfahren in der deutschen Justiz passiert oder geschehen kann. Anstatt diese unwesentlichen Gesichtspunkte, die der Gesetzgeber und die Rechtsprechung in ihrer bürokratischen Regelungswut für absolut wesentlich erachten, wegzulassen, wäre es angebracht, eine komplette Niederschrift über die gesamte Strafverhandlung zu ermöglichen. Daraus ergäbe sich dann eine lückenlose und vollständige Aufzeichnung der Hauptverhandlung vor dem Strafgericht, wodurch jedes dort gesprochene Wort festgehalten und jederzeit wieder einsehbar und abrufbar wäre. Das würde nicht nur manche Unstimmigkeiten beseitigen, es würde auch eine komplizierte und umständliche Berichtigung und Änderung mit allen Rechtsfolgen, die daran hängen, unnötig machen und gegebene Zweifel von vornherein ausschalten.

Der bekannte, mittlerweile leider verstorbene Strafverteidiger Rolf Bossi hat in seinem Buch „Halbgötter in Schwarz. Deutschlands Justiz am Pranger" zu Recht darauf hingewiesen, dass sich mit einer ordnungsgemäßen Protokollierung auch viel effizienter eine Revisionsbegründung erstellen ließe. Aber das wollen ja die Richter und die deutsche Justiz gerade mit aller Macht verhindern. Andernfalls müssten die Richter womöglich häufiger mit einer Urteilsaufhebung rechnen. Für die deutsche Justiz sind die bloßen Förmlichkeiten und das zum großen Teil Unwesentliche der wichtige Inhalt einer Protokollierung. Welche Aussagen in einem Strafverfahren der Angeklagte im Einzelnen gemacht hat, wie die befragten Zeugen ihre Bekundungen nach dem genauen Wortlaut wiedergegeben haben, welche diffizile Formulierung der Sachverständige bei seinen Erkenntnissen gebraucht hat, ist für die deutsche Justiz unerheblich. Die Findung der Wahrheit in einem Strafprozess ist offenbar nicht so erheblich. Wichtig für die Justiz ist, dass die Förmlichkeiten abgehakt werden können.

Ist so ein Verfahren, das sich mehr auf die Förmlichkeiten als auf die wesentlichen Gesichtspunkte, nämlich die Erforschung der Wahrheit in einem Strafverfahren konzentriert, wirklich noch wahrheits- und damit auch zeitgemäß?

Kann sich eine rechtsstaatliche deutsche Justiz mit einem derartigen Verfahren überhaupt noch zufriedengeben und sich selbst als rechtsstaatlich bezeichnen?

d) Weisungsgebundener Staatsanwalt

Der Richter ist, im Gegensatz zum weisungsgebundenen Staatsanwalt, in der deutschen Justiz völlig unabhängig und insbesondere nicht an irgendwelche Weisungen etc. gebunden. Er ist als Organ der Rechtspflege ausschließlich dem Gesetz unterworfen und übt somit die richterliche Gewalt aus als eines der drei Verfassungsorgane im Rahmen der Gewaltenteilung. Und zwar absolut unabhängig. Der Staatsanwalt ist ebenfalls wie der Richter ein Organ der Rechtspflege mit denselben beruflichen Voraussetzungen. Im Gegensatz zum Richter ist der Staatsanwalt zwar von den Gerichten unabhängig, soweit es sich um seine amtlichen Verrichtungen, also seine Tätigkeiten im Rahmen der Behörde handelt. Ansonsten sind die Staatsanwälte aber uneingeschränkt weisungsgebunden, so dass sie verpflichtet sind, allen dienstlichen Weisungen ihres Vorgesetzten nach § 146 Gerichtsverfassungsgesetz (GVG) nachzukommen. In § 147 GVG ist zusätzlich geregelt, dass für die Dienstaufsicht und außerdem für sämtliche Verwaltungsangelegenheiten im Bereich der Staatsanwaltschaft der jeweilige Justizminister des Bundeslandes zuständig ist.

Deshalb ist der Staatsanwalt gegenüber seiner vorgesetzten Behörde verpflichtet, über die Sachverhalte zu berichten, die die vorgesetzte Behörde wissen möchte. Diesem Ansinnen der Behörde hat der Staatsanwalt Folge zu leisten. Der Staatsanwalt ist insbesondere in der Frage, was in der Hauptverhandlung des Strafverfahrens vorzutragen ist, an die Weisungen seines Vorgesetzten gebunden. Hierdurch ist es für den Justizminister möglich, auf die Vorbereitung der Entscheidung des Gerichts Einfluss zu nehmen.

Durch die mangelnde Personalausstattung in den meisten Bundesländern können die Staatsanwälte häufig kleinere Delikte mangels ausreichender Zeit gar nicht mehr oder nur noch unzureichend verfolgen. Das Legalitätsprinzip, das den Staatsanwalt an sich grundsätzlich zur Verfolgung von Straftaten verpflichtet, leidet erfahrungsgemäß darunter. Derartige Verfahren werden häufig standardmäßig eingestellt. Die Rechtsstaatlichkeit bleibt dabei grundsätzlich auf der Strecke. Ausnahmen zum Legalitätsprinzip gelten nach dem Opportunitätsprinzip. Nach der Vorschrift des § 153c Abs. 3 StPO kann die Staatsanwaltschaft auch von der Verfolgung von Straftaten absehen, wenn die Durchführung des Verfahrens die Gefahr eines schweren Nachteils für die Bundesrepublik Deutschland herbeiführen würde oder wenn der Verfolgung sonstige überwiegende öffentliche Interessen entgegenstehen.

Die Rechtsprechung und auch die Kommentatoren sind in dieser Frage relativ eindeutig. Danach ist die Gefahr des schweren Nachteils für das öffentliche Interesse das Hauptbeispiel eines entgegenstehenden Interesses. Diese Gefahr überwiegt daher grundsätzlich das Legalitätsprinzip und das Verfolgungsinteresse des Staatsanwalts. Und damit ist wiederum die Rechtsstaatlichkeit in Frage gestellt, wie der ehemalige Bundestagspräsident zu Recht feststellt (siehe oben).

Eine gewisse (scheinbare) Einschränkung gilt insoweit, als das Besondere dieser Regelung darin liegt, dass lediglich das öffentliche Interesse berücksichtigt werden darf. Das Interesse eines Beschuldigten (Täters) bzw. das Interesse eines Verletzten (Opfers) kann nur insoweit Berücksichtigung finden, als es mit dem öffentlichen Interesse zusammenfällt, also das öffentliche Interesse auch über dem des Verletzten liegt. Ist das rechtsstaatlich?

Eine derartige Regelung wäre beispielsweise in den USA absolut unmöglich. Würde ein Regierungsmitglied oder sogar der Präsident der Vereinigten Staaten persönlich versuchen, in ein Ermittlungsverfahren einzugreifen, müssten beide mit einem Verfahren wegen Justizbehinderung rechnen. In Deutschland ist die Justizbehinderung gesetzlich erlaubt, ja förmlich vorgeschrieben.

Folgender Fall kann beispielhaft für das gesetzlich vorgeschriebene Opportunitätsprinzip angeführt werden, in welchem das öffentliche Interesse überwiegt.

Ein großer Autokonzern vollzieht ganz bewusst Manipulationen an seinen Fahrzeugen, damit sie gegenüber der öffentlichen Zulassungsstelle, als ordnungsgemäß eingeschätzt werden. Bei der gesetzlich vorgeschriebenen Zulassung werden mögliche Schadstoffe wegen der Manipulierung am Fahrzeug ausschließlich innerhalb der zulässigen Grenze ausgestoßen. Damit sollte dann gewährleistet sein, dass derartige Fahrzeuge auch weiterhin im Straßenverkehr uneingeschränkt benutzt werden können. Wenn sich jetzt herausstellt, dass es sich hierbei um eine betrügerische Manipulation handelt, wodurch die Fahrzeugkäufer in schwerwiegender Weise betrogen und geschädigt worden sind, ebenso wie die übrige Bevölkerung durch die Luftverschmutzung, scheint dies offensichtlich nicht im öffentlichen Interesse und damit auch nicht erheblich zu sein. Denn das öffentliche Interesse überwiegt. Die Gefahr eines schweren Nachteils für ein derartiges Bundesland, beispielsweise Verlust von Arbeitsplätzen etc. ist so erheblich, dass dessen Justizminister die Anweisung erteilen könnte, gegen einen derartigen Autokonzern nichts zu unternehmen.

Vor allem kann kein Ermittlungsverfahren gegen einen Vorstandsvorsitzenden eingeleitet werden, wenn dem Bundesland aus dem Strafverfahren ein Nachteil entstehen könnte und wenn Teile dieses Konzerns dem Bundesland gehören und das Bundesland darüber hinaus auch noch im Aufsichtsrat dieses Konzerns sitzt. [22]

---

22 Das Verfahren gegen den ehemaligen Konzernvorsitzenden wurde in der Zwischenzeit zwar vorläufig eingestellt; im September 2020 hat sich aber die Staatsanwaltschaft nach 5 Jahren (vielleicht auf Druck der Öffentlichkeit) doch noch bereitgefunden, jetzt doch Anklage zu erheben.

Stattdessen wurde ein Gesetz über eine Musterfeststellungsklage erlassen, wobei sich alle Geschädigten dieser Feststellungsklage anschließen konnten. Der Schaden des Einzelnen war damit genau so wenig festgestellt wie ein möglicher Anspruch, um von dem Autokonzern Schadensersatz verlangen zu können.

In den Vereinigten Staaten wäre dies unmöglich. Da ermittelt die Staatsanwaltschaft sogar dann, wenn es das oberste Regierungsorgan dieses Staates, der Präsident, eigentlich nicht wünscht und auch alles unternimmt, um Ermittlungen verhindern. Die deutsche Justiz verhält sich nach den Gewohnheiten der französischen Justiz völlig anders. Die Regierung beschließt einfach, ob in einer Sache ermittelt wird oder nicht. Und wenn es dabei um Arbeitsplätze in der Autoindustrie, dem wichtigsten Industriezweig, geht, wird eben nichts oder nur zögerlich etwas unternommen.

Manche Konzernvorstände sind offensichtlich so mächtig, dass sie eine strafrechtliche Ermittlung gegen sich wirksam verhindern können.

Ob eine Strafbarkeit vorliegt oder nicht, ob die Geschädigten Anspruch auf ihre Schäden geltend machen können, entscheidet das bei uns in Deutschland eigentlich nach rechtsstaatlichen Gesichtspunkten die Justiz oder der Konzern selbst?

e) Fehlerhaftes Wiederaufnahmeverfahren

Die Beseitigung von Fehlurteilen im deutschen Strafrecht ist mit besonderen Hindernissen verbunden bzw. zum Teil überhaupt nicht oder nur sehr schwer möglich.

Im deutschen Strafrecht kann ein Verfahren zwei oder drei Instanzen durchlaufen, bis es Rechtskraft erlangt. Bei kleineren Straftaten gibt es merkwürdigerweise zwei Tatsacheninstanzen, in denen das Verfahren mit Beweisen, Sachverständigengutachten usw. durchgeführt werden kann. In großen Strafgerichtsprozessen, die in erster Instanz vor den Landgerichten und den

Oberlandesgerichten verhandelt werden, geht man in der deutschen Justiz merkwürdigerweise davon aus, dass eigentlich alles absolut rechtmäßig verläuft, so dass eine zweite Tatsacheninstanz völlig unerheblich erscheint. Anschließend kann nur noch Revision eingelegt werden, um die Rechtmäßigkeit des Verfahrens zu prüfen.

Bei kleineren Straftaten gibt es mindesten drei Instanzen, bis der/die Angeklagte verurteilt oder freigesprochen wird. Anschließend ist dann noch eine Revisionsinstanz möglich, in der das Urteil nur noch auf Rechtsfehler und Verfahrensverstöße überprüft wird. Wie wenig sorgfältig und gründlich in Schwurgerichtsprozessen oftmals umgegangen wird, wurde bereits dargelegt. Nach Auffassung der deutschen Justiz jedoch würde in diesen Verfahren eine weitere Tatsacheninstanz nichts erbringen.

Im 19. Jahrhundert ging der Gesetzgeber der Strafprozessordnung offensichtlich davon aus, in einem derart großen Verfahren wie der Schwurgerichtsverhandlung würde die vollständige Sachaufklärung in allen nur erdenklichen Einzelheiten so sorgfältig wie nur möglich vom Gericht und der Staatsanwaltschaft durchgeführt werden. Dann sollte nur noch eine Revisionsinstanz überprüfen können, ob das untere Gericht auch tatsächlich die Rechtsvorschriften zutreffend angewendet hat. Mit dem Eintritt der Rechtskraft, wenn das Urteil nicht mehr angefochten werden kann, ist damit das Strafverfahren endgültig beendet, so dass die Vollstreckung, also beispielsweise der Strafvollzug, beginnen kann.

Obwohl die deutsche Justiz grundsätzlich von keinem Fehlurteil ausgeht, weder bei Schaffung der Strafprozessregeln noch heute – der Begriff „Fehlurteil" taucht in keiner der gesetzlichen Regelungen auf – hat der frühere Gesetzgeber dennoch schon von Anfang an in weiser Vorsicht bedacht, dass es solche Fehlurteile doch geben kann, auch wenn die Justiz dies bis heute nicht einsehen will.

Grundsätzlich möchte die Justiz mit einem abgeschlossenen und rechtskräftigen Strafverfahren die Akten endgültig schließen.

Dem stehen aber verantwortungsvolle Advokaten entgegen, die, im Gegensatz zur Justiz, ein fehlerhaftes Urteil beseitigt wissen wollen. Derartige Fehlurteile können nicht in einem Rechtsmittelverfahren, wie beispielsweise in der Berufung oder Revision, sondern lediglich in einem besonderen Verfahren, dem Rechtsbehelfsverfahren, angegriffen werden. Dessen komplizierte Vorschriften befinden sich in den Vorschriften der §§ 359 bis 373a der Strafprozessordnung (StPO). Der Gesetzgeber nennt es bewusst nicht Rechtsmittelverfahren, weil es sonst quasi eine besondere Instanz innerhalb des Strafverfahrens darstellen würde. Damit müsste die Justiz letzten Endes auch einräumen, dass Fehlurteile absolut nicht die Ausnahme, sondern vielleicht sogar die Regel eines Strafverfahrens sein können, mit denen die Justiz auch rechnen muss.

Wie schwierig sich bei einem Fehlurteil die Durchführung eines Wideraufnahmeverfahren darstellt, ergibt sich aus den genannten Vorschriften und einer breiten Rechtsprechung hierzu. Dabei muss eingeräumt werden, dass sowohl die Justiz als auch der Angeklagte im Normalfall davon ausgehen, dass die Straftat ordentlich ermittelt und die Tatsacheninstanz ordnungsgemäß im Sinne aller Vorschriften durchgeführt wird. Soweit dann noch Gesetzesverletzungen anfallen sollten, werden diese häufig, aber leider nicht immer, durch die Revisionsinstanz beseitigt.

Der endgültige Abschluss und der Eintritt der Rechtskraft ist daher zunächst einmal durchaus gerechtfertigt, da man andernfalls ein Verfahren sonst niemals ordentlich beenden könnte. Dass sich ein Wiederaufnahmeverfahren in der Regel häufig sehr schwierig gestaltet, ist bereits dargestellt und soll weiter unten noch dargelegt werden. Sowohl die Kommentierungen zu den §§ 359ff StPO als auch die Rechtsprechung hierzu ergeben ein Bild, das mit rechtsstaatlichen Grundsätzen nur schwer zu vereinbaren scheint.

Bei der Frage der Notwendigkeit, ein Verfahren wegen eines schwerwiegenden Fehlers, eines Fehlurteils, wieder aufzunehmen, errichten bereits die offiziellen Kommentierungen mit den gesetzlichen Vorschriften Barrieren und offensichtliche Hindernisse, die nicht nachvollziehbar sind. Denn eigentlich sollte es doch für die Justiz und die Richter um die ganz entscheidende Frage, nämlich um die Erforschung der Wahrheit gehen, und das vor allem in einem Strafverfahren, in dem es um die Verurteilung eines möglicherweise Unschuldigen geht.

Nach den Kommentierungen soll beispielsweise bei einem Justizirrtum im Rahmen eines Wiederaufnahmeverfahrens „der Grundsatz der Rechtskraft … aus Gründen der Rechtssicherheit den Vorrang haben" (Löwe-Rosenberg, StPO-Kommentar, vor § 359, Anm. 2).

Das heißt also im Klartext, ein irrtümliches Urteil, das beispielsweise einen Unschuldigen verurteilt hat, sollte eigentlich besser in seinem Bestand erhalten bleiben. Das kann doch nichts anderes bedeuten, als dass letztlich die Rechtskraft und die „Rechtssicherheit" als oberstes Rechtsprinzip für die Justiz wichtiger sind als die Beseitigung einer fehlerhaften Entscheidung des Gerichts. Dass zum Beispiel ein Unschuldiger verurteilt wurde, der ohne jeglichen Grund im Gefängnis einsitzt, ist dann eigentlich zweitrangig.

Die einschlägige Kommentierung verstärkt diese Auffassung noch. Sie erklärt, bei der Anordnung einer Neuverhandlung sei der Grundsatz „in dubio pro reo" (im Zweifel für den Angeklagten), ein alter römischer Rechtssatz, der eigentlich in allen Rechtsordnungen gilt, keinesfalls anwendbar.

Offensichtlich macht der Gesetzgeber hier den feinen Unterschied, dass dieser Rechtssatz zwar bei einem eingelegten Rechtsmittel (Berufung, Revision), nicht aber bei einem erhobenen Rechtsbehelf (Wiederaufnahmeverfahren) gelten solle. Die Kommentierung steigert sich noch, wenn sie schließlich zu der Einsicht gelangt, eine Aufhebung früherer Urteile sollte nur erfolgen, wenn die Aufrechterhaltung (eines Fehlurteils) einen unerträglichen Rechtsverstoß enthalten würde. (Löwe-Rosenberg, Anm. 2).

Damit wird, dies kann man anders wohl kaum verstehen, explizit verdeutlicht, dass für die Justiz die Rechtssicherheit und damit die Aufstellung und Einhaltung eines Rechtsprinzips [23] einen erheblich wichtigeren Faktor darstellt als die Wahrheit in einem Strafverfahren. In einem solchen Verfahren soll ein Unschuldiger verurteilt bleiben, und sei es auch nur wegen einer (angeblich) geringen Straftat.

Nicht die gesetzlichen Regelungen, nicht die Rechtsprechung oder die Kommentierungen, die Justiz selbst scheint es offenbar zu sein, die mit allen ihr zu Gebote stehenden Mitteln versucht, Fehlurteile unter allen Umständen aufrecht zu erhalten. Denn nach ihrer Auffassung kann es in der deutschen Justiz Justizirrtümer gar nicht geben und somit auch keine Fehlurteile. Es gibt bekanntlich auch Richter, die mit ihren Entscheidungen völlig im Reinen sind (vergleiche oben).

Im Fall des betrogenen Ehemanns (Fall W.) dauerte das Strafverfahren ganze drei Tage. Aber erst nach 13 (in Worten: dreizehn) Jahren hatte das Wiederaufnahmeverfahren endlich Erfolg. Dafür hatte es der Staat geschafft, den unschuldig Verurteilten menschlich, finanziell, geistig und körperlich völlig zu ruinieren. Die Ermittlungsbehörde hatte hierbei allerschwerste Fehler begangen. Dennoch war dem ermittelnden Staatsanwalt und auch dem eigentlich objektiv überprüfenden Gericht nichts, aber auch gar nichts aufgefallen. Wichtig für den Staatsanwalt und das Gericht war die Rechtskraft des Urteils, so dass ein rechtskräftiges Urteil gefälligst so bleiben solle, wie es das Gericht erlassen hat.

---

23 Nicht nur die Justiz, auch manche Strafverteidiger sind der Auffassung, die Einhaltung eines Rechtsstaatsprinzips sei wesentlich wichtiger, als die Überführung eines Kindesentführers, um den Fundort seiner Tat zu offenbaren, (wozu es schließlich als Rechtfertigung den übergesetzlichen Notstand gibt.)

Rechtskraft und Rechtssicherheit gingen in diesem Fall vor der Findung der tatsächlichen Wahrheit. Der Staatsanwalt sah hier jedenfalls keinen Handlungsbedarf, für die Aufklärung des Falles etwas zu unternehmen. In diesem Fall möchte man ja gar nicht so weit gehen, wie es die gesetzlichen Vorschriften und die Rechtsprechung immer wieder vorschreiben, dass der Staatsanwalt auch zugunsten des Angeklagten zu ermitteln ausdrücklich verpflichtet ist.

Das Wiederaufnahmeverfahren in unserer Strafprozessordnung ist eine Verfahrensart, die mit Abstand die Rechtsstaatlichkeit unserer Justiz am deutlichsten untergräbt. Denn es geht hierbei um den mit Abstand wichtigsten Gesichtspunkt in einem Strafverfahren, nämlich um die Findung des einzig wahren Sachverhalts. Bei einem Verstoß dagegen kann von einer Rechtsstaatlichkeit überhaupt nicht mehr ernsthaft gesprochen werden. Es kann doch nicht sein, dass ein Gerichtsurteil unbedingt Bestand haben muss, obwohl es sich um ein Fehlurteil handelt, auch wenn es nach der letzten Instanz rechtskräftig geworden ist. Was die Kommentatoren sich bei einer solchen Auffassung gedacht haben mögen, Rechtskraft und Rechtssicherheit und die Einhaltung eines fragwürdigen Rechtsprinzips seien viel wichtiger als die Erforschung der Wahrheit, ist wirklich nicht mehr nachvollziehbar.

Wenn kenntnisreiche und erfahrene Juristen derart mit dem Recht verfahren, dürfen sie sich nicht wundern, dass immer größere Bevölkerungsteile das Vertrauen in die Justiz verlieren.

Die Würde des Menschen in der Flüchtlingspolitik

Die Mütter und Väter des Grundgesetzes (GG), die die neue Verfassung für die Bundesrepublik Deutschland ausarbeiteten, haben zwar manches aus der Weimarer Verfassung übernommen. Gleichzeitig haben sie aber im Bewusstsein der ungeheuren Verbrechen, die das zugrunde gegangene Dritte Reich begangen hatte, die Grundrechte, im Gegensatz zur früheren Weimarer Verfassung, an den Anfang gestellt. Damit sollte diesen Rechten eine besondere Bedeutung innerhalb der Verfassung zuerkannt werden. Im Gegensatz zur Weimarer Verfassung haben die Grundgesetzmütter und -väter dem einzelnen Staatsbürger auch einen unmittelbaren Rechtsanspruch zur Durchsetzung dieses Rechts gegeben.

Gleichzeitig wurde im Hinblick auf die Gräueltaten der Nazis an den Menschen im Dritten Reich ein neues Grundrecht geschaffen, das als Menschenrecht schon bekannt war, das aber in der neuen Verfassung besonders herausragend die Würde des Menschen schützen sollte. Die Würde des Menschen zu achten, bedeutet vereinfacht ausgedrückt. Der Mensch besitzt einen sozialen Wert- und Achtungsanspruch, der ihn von einer Sache unterscheidet. Deswegen darf der Staat den Menschen nicht zum bloßen Objekt erniedrigen. Er ist nach unserer Verfassung, auch gegenüber der Verfassung unmittelbar verpflichtet, die Würde jedes einzelnen Menschen zu wahren. Durch seine Behandlung darf seine Subjektqualität prinzipiell nicht in Frage gestellt werden. (BVerfGE 50/166 ff).

Anders ausgedrückt: wenn im Einzelfall der Mensch von den staatlichen Behörden als bloßes Objekt betrachtet wird, ist damit die Menschenwürde verletzt. Die hehren Grundsätze der Verfassung einerseits und die Realität der handelnden staatlichen Behörden andererseits klaffen bei uns in der Bundesrepublik in der letzten Zeit aber häufig auseinander.

Dies macht sich in zunehmendem Maße in der Flüchtlingspolitik bemerkbar. Dabei soll keineswegs die umfassende Grundrechtsänderung des Asylrechts und seiner neuen Vorschriften im Art 16a GG in Frage gestellt werden. Es geht schlicht um die Einhaltung der hier genannten Vorschrift und um die Art und Weise ihrer Ausführung durch die Behörden.

Wenn ein Flüchtling die Grenze nach Deutschland überschreitet und angibt, dass er politisch verfolgt wird, hat er einen Anspruch auf Überprüfung seiner Situation. Stellt sich dann heraus, er ist nicht politisch Verfolgter und liegen sonstige Gründe eines Bleiberechts nicht vor, kann er auf Dauer nicht bei uns bleiben. Dass Flüchtlinge, die kein Asyl oder keine Aufenthaltserlaubnis bekommen, abgeschoben werden, schreibt sogar unsere geänderte Verfassung vor.

Aber ist es notwendig, dass die Behörden mit unvorstellbarer Gewalt und Rohheit, um nicht zu sagen, Brutalität, gegen abzuschiebende Flüchtlinge vorgehen? [24]

1. Schwangere Flüchtlingsfrau mit kleinem Sohn

Ein Ehepaar aus dem Iran flieht mit dem kleinen Sohn nach Deutschland, weil sie als Kurden dauernder politischer Verfolgung ausgesetzt sind. Sie sind in einem Flüchtlingsheim untergebracht und versuchen, eine Aufenthaltserlaubnis oder sogar ein Bleiberecht zu erhalten. Am 17. Oktober 2018 wird die Frau, im dritten Monat schwanger, wegen akuter Diabetes behandelt. Kurz vor Mitternacht hämmert es an die Tür des Krankenzimmers, wo die kranke, schwangere Frau liegt. Die Türe wird aufgerissen und 10 Beamte stürmen in das Zimmer. Sie erklären der Frau, sie müsse mitkommen. Das Ehepaar, das zunächst in Kroatien das erste Mal registriert wurde, soll sofort abgeschoben werden.

---

24 (Alle Fälle zitiert nach ARD bzw. ZDF)

Ein führender Beamter setzt die Frau unter Druck und sagt, die Familie müsse Deutschland verlassen. „Wenn du (!) nicht mitkommst, dann schieben wir deinen Sohn allein ab und stecken dich und deinen Mann ins Gefängnis."

Der leitende Beamte wird später ausfindig gemacht und behauptet, das Krankenhaus habe ihm die fehlende Krankheit und die Reisefähigkeit der Frau bestätigt. Die Behauptung dieses Beamten ist eine dreiste Lüge. Das betreffende Krankenhaus hat nachweislich keine Reisefähigkeit attestiert. In Deutschland ist es zwingend oder sollte es zumindest nach den gesetzlichen Bestimmungen sein, dass das Krankenhaus ausschließlich in eigener Verantwortung bestimmt, ob ein Kranker aus dem Krankenhaus entlassen wird oder nicht. Bisher war es jedenfalls so, dass Krankenhäuser für solche Abschiebekommandos absolut tabu waren.

Diese Abschiebebeamten behaupten zwar, sie hätten eigene Ärzte, die über die Reisefähigkeit und das Umfeld absolut kompetent entscheiden könnten. Das dürfte aber ebenfalls unwahr sein, denn eine Ärztelisten wurde von den Abschiebebehörden bisher nicht herausgegeben und kann somit auch nicht eingesehen und überprüft werden. Entweder sind es keine Ärzte oder sie haben nicht die notwendige Approbation und Qualifikation.

Das kurdische Ehepaar in dem geschilderten Fall wird anschließend von den Abschiebebeamten durch ganz Deutschland nach Hannover zum Flughafen gekarrt, um von dort nach Kroatien ausgeflogen zu werden. Der Pilot der Maschine erkennt sofort, dass die Frau krank und schwanger und somit nicht reisefähig ist. Den Zustand hätten die Beamten ebenfalls selbst unschwer feststellen können, wenn sie es gewollt hätten. Der Pilot weigert sich schließlich, die kranke Frau mitzunehmen. Damit wird zwar die rechtswidrige Abschiebung verhindert, die Beamten fahren aber in ihrem rechtswidrigen Handeln unbeirrt fort. Den Ehemann behalten sie da und nehmen ihn in Abschiebehaft. Die Frau und ihren kleinen Sohn lassen sie einfach auf der Straße stehen mit der Aufforderung, sie solle wieder in ihr Flüchtlingsheim zurückkehren. Dass die Frau nicht genügend Geld besitzt, um sich Fahrkarten zu kaufen und dass sie immer noch die Krankenhausschuhe anhat, interessiert die Beamten nicht.

2. Krankenhaus verhindert rechtswidrige Abschiebung

Ein weiterer Fall von Verletzung der Menschenwürde: eine Frau namens Judi befindet sich im Krankenhaus und ist im fünften Monat schwanger. Es besteht Verdacht auf Thrombose. Die Nachtschwester kommt nachts ins Zimmer und sagt: „Die Polizei ist da, sie suchen dich". Die Frau stand unter Schock. Die Beamten kamen mit eigener Ärztin. Frau Judi erklärt, dass sie Schmerzen habe. „Ich bekomme gerade eine Infusion." Der Beamte verweist auf die ihm beigestellte Ärztin mit den Worten: „Wir haben eine Ärztin dabei, die wird dich begleiten". Diese im Abschiebebereich eingesetzten Ärzte und Ärztinnen sind bei der Ärztekammer, wie gesagt, sehr umstritten. Für die Behörden ist offensichtlich wichtiger, dass vor allem der Abschiebeprozess unterstützt wird. Der gesundheitliche Zustand der abzuschiebenden Person ist nicht relevant.

Die Ärztin im Krankenhaus weigert sich schließlich erfolgreich, ihre Patientin zu entlassen.

3. Flüchtlingsfrau wird brutal gefesselt

Eine andere Frau wird nach Italien abgeschoben. Sie ist ebenfalls schwanger. Die Frau erzählt: „Es waren vier Leute. Sie haben meine Hände und meine Beine gefesselt. Einer setzte sich auf mich. Ich sagte, „ich bin schwanger". Er erwiderte, er verstehe nicht, er verstehe kein Englisch. Dass die Frau schwanger war, konnte man ohne weiteres erkennen. Die Polizeibehörde in München erklärt später: „Die Beamten hätten keine Kenntnis von ihrer angeblichen Schwangerschaft gehabt. Aus Gründen der Eigengefährdung musste die Frau nach Meinung der Beamten gefesselt werden".

Tatsächlich hätte man die Schwangerschaft aber erkennen können. Die Frau wird nach Italien geflogen. Sie macht ein Video über das Camp, wo sie untergebracht ist und sagt: „Es war kalt, nachts kamen die Ratten. Bevor ich in Italien ankam, begannen meine Schmerzen im Bauch. Ich hatte Angst um das Baby. Ich fragte im italienischen Camp gleich nach einem Arzt. Sie sagten, es gibt keinen Arzt. Ich blutete, nach vier Tagen hatte ich einen Abgang".

Auch von der Fehlgeburt hat sie ein Foto gemacht. Ein völlig verdrecktes Klo und darin der tote Fötus.

Dazu kann man nur feststellen: Frauen im Stich zu lassen, die schwanger sind und ihr Kind verlieren, ist eine erschreckende Tat. Es wird immer unbegreiflicher, wie nachlässig, sorglos und menschenverachtend wir in Deutschland mit Flüchtlingen umgehen. Weshalb können die zuständige deutsche Behörde, der zuständige Bundesinnenmister, die Beamten nicht ausdrücklich xdarauf hinweisen, dass der Art. 1 des Grundgesetzes: „Die Würde des Menschen ist unantastbar", für alle Menschen gilt, auch für Ausländer.

Die Abschiebungen aus Deutschland haben sich in letzter Zeit dramatisch verschärft. Früher war keine Abschiebung so hart und brutal, wie sie heute von den Behörden vorgenommen wird. Auf die Individualität und die oft sehr starke Bedürftigkeit wird keinerlei Rücksicht mehr genommen. Abschiebungen trotz Krankheit und/oder Schwangerschaft häufen sich heutzutage und dies ganz offensichtlich mit der vermutlich bereitwilligen Zustimmung unserer Regierung.

Spricht das Grundgesetz in Art. 1 dazu nicht offen aus, dass die nachfolgenden Grundrechte für alle staatlichen Behörden bindend sind? Dazu gehört auch die Achtung der Würde des Menschen. Die Gesetzgebung, die Rechtsprechung und vor allem auch die vollziehende Gewalt, also die Behörden, haben diese Grundrechte zu beachten. Das Vorgehen unserer Behörden gegen Flüchtlinge, wie es oben geschildert wurde, ist kein Einzelfall. Deutschland geht mittlerweile in großem Stil gegen Flüchtlinge in der geschilderten Art und Weise vor. Und dies ausschließlich, weil wir nunmehr auch eine Partei im Bundestag haben, die in aller Offenheit erklärt, das Dritte Reich unter Hitler und der Holocaust mit den Millionen Toten sei doch nur ein „Vogelschiss" in unserer deutschen Geschichte, Flüchtlinge hätten keinerlei Rechte.

Es ist sicherlich nicht abwegig, festzustellen, dass sich in unserer Gesellschaft und in unserer Politik langsam, aber sicher immer mehr Parallelen zur Nazizeit entwickeln. Ein Teil unserer Bevölkerung ist ganz offen gegen alle Flüchtlinge, auch gegen die, die ein Bleiberecht und eine Aufenthaltserlaubnis besitzen.

Die AfD-Partei mit allen ihren rechtsgerichteten Gruppierungen spricht offen aus, dass die Flüchtlinge grundsätzlich keine Rechte haben sollten. Andere Parteien erklären dies verschämt „unter der Hand". Dabei vergessen diese Bevölkerungsschichten, dass wir alle vor langer Zeit als Immigranten nach Mitteleuropa und speziell in die damaligen deutschsprachigen Gebiete eingewandert sind. Vor allem aber sind wir Deutsche und auch die Europäer zum großen Teil mit schuld daran, dass so viele Flüchtlinge nach Europa kommen, und zwar aus Gründen, die wir Deutsche mit verursacht und verschuldet haben:

Wer ist einer der größte Umweltsünder mit Kohlekraftwerken?
Wer produziert mit die größte Menge Plastik in Europa?
Wer entsorgt mit die größte Menge Plastik im Ausland?
Wer verursacht damit im Meer die Müllberge?
Wer exportiert die billigsten Lebensmittel nach Afrika?
Wer zerstört damit die dortige heimische Landwirtschaft?

Das sind nicht nur unsere Industrie, das sind wir alle! Wir Deutschen und Europäer. Ist es unter diesen Voraussetzungen, die zwar etwas plakativ, mit Sicherheit aber nicht unrichtig sind, nicht durchaus verständlich, dass immer mehr Menschen deswegen nach Europa und nach Deutschland flüchten wollen?

Wenn das Bundesverfassungsgericht allgemein und die Justiz in den einzelnen Fällen über derartige Verstöße zu entscheiden hätte, würden sie vermutlich zu dem Ergebnis kommen, dies seien alles lediglich Einzelfälle, die die Rechtsstaatlichkeit insgesamt nicht in Frage stellen können.

Mit den Flüchtlingen gehen wir mittlerweile in Deutschland in vielen Fällen um, wie es im Dritten Reich unter den Nazis mit den Juden im Alltag allgemein üblich war.

Deutschland also ein Rechtsstaat?

Im deutschen Rechtsstaat ist so gut wie alles geregelt, so dass es eigentlich keine gesetzlichen Lücken oder zu beanstandende Rechtswidrigkeiten geben dürfte. Die Realität sieht allerdings anders aus. In zivilen Rechtsstreitigkeiten kommen immer wieder Verstöße gegen Gesetze und durch Rechtsprechung festgelegte Rechtssätze vor. In Strafverfahren werden Unschuldige verurteilt und die gesetzlichen Möglichkeiten zur Beseitigung von derartigem Unrecht behindert. Die öffentliche Verwaltung nimmt Strafvereitelungen, die den einzelnen Staatsbürger schädigen, einfach hin, während andere Staaten gegen die gleichen kriminellen Konzerne vorgehen und ihren eigenen Staatsbürgern zu ihrem Recht verhelfen.

Staatlich anerkannte Religionsgemeinschaften erhalten einen umfassenden Rechtsschutz, können aber gleichzeitig die ihnen anvertrauten Jugendlichen sexuell missbrauchen, ohne dass die Justiz einschreitet. Bürgervereinigungen errichten eigene ideelle Grenzen zur Abschottung gegenüber der Allgemeinheit und stellen ihre eigene Rechtsordnung auf, ohne dass die Behörden (bisher) eingeschritten sind. Unter der Polizei gibt es einen erheblichen Teil an Reichsbürgern, die unsere Verfassung nicht anerkennen wollen. Jetzt (September 2020) hat sich auch noch in erschreckender Weise herausgestellt, dass ein Teil der Polizisten mit rechtsradikalen Gruppierungen sympathisiert.

Die Bedürfnisse der ärmeren Bevölkerungsschichten für ein angemessenes tägliches Leben und Dasein werden nur ungenügend unterstützt, weil es uns doch so gut gehe, so die Regierung. Große Subventionen werden lieber an große Wohnungsgesellschaften vergeben, weil die mehr zu unserer wirtschaftlichen Einstellung passen. Vom Parlament werden, trotz erheblicher Bedenken aus den eigenen Reihen und der Fachwelt, Gesetze erlassen, die infolge des Eingriffs in die körperliche Unversehrtheit bei Kleinkindern als offensichtlich verfassungswidrig angesehen werden müssen. Die Abgeordneten des Gesetzgebungsorgans scheinen immer mehr den Wünschen der Großkonzerne und anderen Interessenverbänden zu unterliegen, so dass die eigenverantwortliche, nur dem Gewissen unterliegende Abstimmung der gewählten Abgeordneten immer mehr fraglich erscheint.

Das Verfassungsgericht, dessen Aufgabe es ist, die anderen Organe des Rechtsstaates, die Verwaltung und die Gesetzgebung zu kontrollieren, verlangt unaufgefordert selbst Gesetzesänderungen. Parteiverbote werden entweder gegen die eigene Überzeugung erlassen oder aus nicht nachvollziehbaren Gründen verhindert. Gerichte bedrohen den einzelnen Staatsbürger mit schwerwiegender Körperverletzung. Die Bundesregierung verstößt gegen internationalen Artenschutz und veruntreut ungestraft mehr als eine halbe Milliarde Steuergelder.

Rechtsbeugungen, die in allen Rechtsstaaten, nur vermutlich nicht so häufig, vorkommen können, scheinen in Deutschland, trotz der Erfahrung aus einem 12-jährigen Unrechtsstaat, nichts Außergewöhnliches zu sein.

Die Ursachen richterlichen Fehlverhaltens sind vielfältig. Sie liegen einerseits in der mangelnden Vergangenheitsbewältigung, andererseits in der daraus resultierenden Unangreifbarkeit der Justiz und schließlich auch in einem veralteten und fehlerhaften Strafverfahrensrecht. Außerdem wird immer wieder gegen die Achtung der Menschenwürde verstoßen.

Ergibt sich aus allen genannten Verstößen gegen Recht und Gesetz und den Rechtswidrigkeiten, dass Deutschland kein Rechtsstaat mehr ist?

In dieser Bestimmtheit sicherlich nicht.

Viele Staaten auf der Welt, die sich einen demokratischen, rechtsstaatlichen Anstrich geben, unterscheiden sich diametral von der Verfassungsmäßigkeit der Bundesrepublik Deutschland. Problematisch ist jedoch die zunehmende Häufigkeit von Rechtswidrigkeiten, also Rechtsverstößen, die in einem Rechtsstaat eigentlich nicht, schon gar nicht in dieser Vielzahl, vorkommen dürften und dennoch toleriert werden. Das Entscheidende daran ist vor allem, dass diese Rechtswidrigkeiten, diese Verstöße gegen bestehende Vorschriften, das Nichteinhalten der eigenen, selbst gewählten Regelungen und die immer stärker werdende Gedankenlosigkeit und Unbekümmertheit, diese Missstände abzustellen, das eigentliche rechtsstaatliche Manko darstellen. Fehler entstehen überall, sei es in der Regierung, in der Verwaltung, in den Behörden oder in der Justiz. Das ist menschliches Verhalten, nachdem der Mensch einfach nicht vollkommen ist. Wegen dieser Unvollkommenheit sind aber doch gerade alle diese Regeln, Gesetze und Vorschriften für ein friedliches und geregeltes Zusammenleben geschaffen worden.

Wenn nun aber in den zahlreichen Fällen und Situationen, die aufgezeigt worden sind, die Verantwortlichen oder die Gesellschaft allgemein lediglich zur Tagesordnung übergehen und diese Gesetzwidrigkeiten einfach tatenlos hinnehmen, dann ist die Rechtsstaatlichkeit ernsthaft in Gefahr.

Oder sie ist in diesen Fällen einfach nicht mehr gegeben.

Insofern hat die gewählte Frage: „Deutschland ein Rechtsstaat?" bei all den Rechtswidrigkeiten, die lediglich beispielhaft aufgezählt wurden, durchaus ihre Berechtigung.

Nachwort

Auch wenn man die Ausführungen und die Besorgnisse für übertrieben hält, wird man zugestehen müssen, dass hier Abhilfe zu schaffen mehr als notwendig erscheint.

Es gäbe mit Sicherheit eine ganze Reihe von Möglichkeiten, darauf zu reagieren, angefangen von realitätsfremden und utopischen Varianten bis zu philosophischen Erörterungen und Gedankenspielen.

Eine Einrichtung gibt es jedoch, die wohl mit Abstand die durchsetzungsstärkste und vielversprechendste sein dürfte, sich gegen derartige Rechtswidrigkeiten und Verfassungsverstöße in Deutschland zur Wehr zu setzen.

Das ist der Europäische Gerichtshof (EuGH) in Luxemburg. Dieses Gericht wird mittlerweile nicht nur von den deutschen Staatsbürgern selbst, sondern insbesondere von den deutschen Gerichten bis hin zum Bundesverfassungsgericht in hohem Maße anerkannt und geschätzt.

Der EuGH achtet als Rechtsprechungsorgan darauf, dass die Mitgliedsländer EU-Rechte einhalten, und zwar in verfassungsrechtlichen Fragen, in der Verwaltung, im Arbeits- und Sozialrecht sowie in straf- und zivilrechtlichen Urteilen. Damit kann jeder Einzelne froh und dankbar sein, eine derartige übergeordnete Instanz zu besitzen, die deutsche Verstöße nicht nur anspricht, sondern auch ahndet.

Die Beispiele für ein Eingreifen des Europäischen Gerichtshof in Luxemburg bezüglich Rechtswidrigkeiten der Bundesrepublik Deutschland sind mittlerweile sehr zahlreich. In der Europäischen Union, zurzeit noch ein loser Staatenbund, wird die Rechtsstaatlichkeit der einzelnen Mitglieder sehr sorgfältig beobachtet.

Damit ist ein übergeordnetes Gericht vorhanden, das für die oben genannten Ausführungen hinsichtlich der aufgezeigten Rechtswidrigkeiten und Verstöße eine unabhängige Instanz darstellt, die die gemachten Befürchtungen überschau- und begrenzbar erscheinen lassen.

Soweit die bundesdeutsche Justiz in zahlreichen Situationen nichts unternimmt, besteht jedenfalls die Hoffnung, dass der EuGH gegen Rechtswidrigkeiten in der Bundesrepublik Deutschland auch in Zukunft einschreitet und sie sanktionieren wird (z.B. den viel zu hohen Nitratgehalt in unserem Wasser).

Dennoch ist Wachsamkeit auch hinsichtlich der Rechtsstaatlichkeit bei uns nach wie vor angebracht.

Verwendete Literatur

Anders Peter, Der Fall Vera Brühne
Bossi Rolf, Halbgötter in Schwarz
Burow Patrick, Das Lexikon der Justiz-Irrtümer
Chronik der Deutschen
Cossy Sylvia, Gebrandmarkt, Vera Brühnes Tochter zu sein
Darnstädt Thomas, Verschlusssache Karlsruhe
Fischer Thomas, Über das Strafen
Gnisa Jens, Das Ende der Gerechtigkeit
Godau-Schüttke Klaus, Der BGH, Justiz in Deutschland
Gritschneder Otto, Der Hitler-Prozess und seine Richter
Güstrow Dietrich, Tödlicher Alltag, Verteidigung im Dritten Reich
Hebel Stephan, Mutter Blamage (Angela Merkel)
Heisig Kirsten, Das Ende der Geduld
Karlsruher Kommentar, StPO- und GVG-Kommentar
Kershaw Ian, Achterbahn, Geschichte Europas 1950 bis heute
Körner, Große Bayerische Biographische Enzyklopädie
Lamprecht Rolf, Die Lebenslüge der Juristen
Löwe-Rosenberg, StPO-Kommentar, 3 Bände
Meyer-Goßner, StPO-Kommentar
Mostar Herrmann, Unschuldig verurteilt
Müller Ingo, Furchtbare Juristen
Palandt, BGB-Kommentar
Personenlexikon 1933–1945
Schaeffer Max P., Der Fall Vera Brühne
Schmidt-Bleibtreu/Klein, GG-Kommentar
Schönke-Schröder, StGB-Kommentar
Schuld und Sühne, Vorträge über den Strafprozess
Skaupy Walther, Große Prozesse der Weltgeschichte
Steinke Ronen, Fritz Bauer oder Auschwitz vor Gericht
Der Spiegel
Fischer, StGB-Kommentar
Wikipedia
Zöller, ZPO-Kommentar

Der Autor

 Nikolaus Orlop wurde 1940 gebo-
ren. Nach seinem Jurastudium war er
zunächst als Anwalt hauptsächlich in
Strafsachen tätig. Anschließend wechselte er ins Arbeitsrecht und wurde in
einem großen Münchner Baugewerbe-
verband Justitiar und Fachanwalt für
Arbeitsrecht, in den letzten Jahren
seiner Tätigkeit auch Geschäftsführer. Zu seinen
Schwerpunkten gehörten neben arbeitsrechtlichen Beratungen vor allem Vertretungen vor den
Arbeitsgerichten, zunächst nur in München, später
als Vertreter eines Schweizer Konzerns auch in
ganz Deutschland. Als Autor war er anfänglich in
Zusammenarbeit mit einem Kollegen in arbeitsrechtlichen Anleitungen tätig. In seiner Freizeit
beschäftigt er sich gerne mit Literatur und Klavier-
musik. Sein großes Hobby gilt der bayerischen
Geschichte, was sich in dem Werk ‚Alle Herrscher
Bayerns' widerspiegelt.

novum VERLAG FÜR NEUAUTOREN

Der Verlag

Wer aufhört
besser zu werden,
hat aufgehört
gut zu sein!

Basierend auf diesem Motto ist es dem novum Verlag
ein Anliegen neue Manuskripte aufzuspüren, zu ver-
öffentlichen und deren Autoren langfristig zu fördern.
Mittlerweile gilt der 1997 gegründete und mehrfach
prämierte Verlag als Spezialist für Neuautoren in
Deutschland, Österreich und der Schweiz.

Für jedes neue Manuskript wird innerhalb
weniger Wochen eine kostenfreie, unverbind-
liche Lektorats-Prüfung erstellt.

Weitere Informationen zum Verlag und
seinen Büchern finden Sie im Internet unter:

w w w . n o v u m v e r l a g . c o m